新编
播音员主持人
训练手册

绕口令

TONGUE ［第3版］
TWISTER
［DI-SAN BAN］

张慧 ◎ 编著

中国传媒大学出版社
·北京·

第 3 版修订说明

本书第 1 版于 1996 年出版,第 2 版于 2005 年出版。此书出版发行后,受到广大读者的喜爱和好评。十几年过去了,我认为有必要将近几年在播音主持教学中运用绕口令进行语言训练、纠正语音问题的新思考加入书中。另外,我发现,人们普遍存在的部分语音问题,前两版中缺少有针对性的训练段子,所以我希望把近几年所创作的针对性强、使用效果好的几十则绕口令加入书中。因此,我对本书再次进行了修订。

本书遵循循序渐进的原则,从声母、韵母、声调,到语流音变、吐字归音、用气发声,思路清晰,编排合理,内容丰富,实用性强。

本书是播音主持、戏剧影视表演、声乐、曲艺等相关专业人员进行语言基本功训练的基础教材,也是宣传工作者、发言人、教师、法官、律师、导游、公关人员……等依靠有声语言进行工作的职业人员改善语言面貌、提高语言能力的训练教材,还是语言艺术爱好者进行语言训练的学习用书,更是广大青少年进行早期语言开发、方言区的朋友学习普通话的参考用书。此外,多练绕口令还有助于语言障碍人士打开心智、学习会话,有助于老年人克服老年智障、保持语言交流能力。

  与前两版相比,本书在前言中比较详尽地介绍了绕口令的起源、发展和作用。增加了绕口令练习提示。全书共500余则绕口令,比第2版增加100余则。其中,作者原创绕口令有100余则。本书还附有曲艺节目中的绕口令和方言绕口令。通过作者的精心编写和责任编辑的细致编校,本书行文更加流畅,版式更加清晰,内容更加充实,是一本非常实用的富有趣味性的语言训练小册子。

张慧

2018年12月12日

CONTENTS ◇ 目录

前　言 / 1
绕口令练习提示 / 1

第一单元　声母练习
一、声母的发音要领 / 1
　（一）找准正确的发音部位 / 1
　（二）掌握正确的发音方法 / 4
二、声母的发音练习 / 6
　（一）双唇音 b、p、m / 6
　白拐棒棍儿(b) / 6
　剥皮儿(b) / 7
　巴老爷和芭蕉树(b) / 7
　八斤鸡和八斤狗(b) / 7
　扁担长板凳宽(b、d) / 7
　长扁担短扁担(b、d) / 8

*选扁担(b、d) / 8
白石塔白石搭(b、d、t) / 8
八百标兵(b、p) / 9
八了百了标了兵了(b、p) / 9
掰棒子(b、p) / 9
补皮裤(b、p) / 10
冰棒碰瓶(b、p) / 10
买饽饽(b、p) / 10
补皮褥子(b、p) / 10
*b,p 同声绕口令(b、p) / 11
一平盆面(b、p) / 11
炮兵和步兵(b、p) / 11
爸爸抱宝宝(b、p) / 11
找宝(b、p) / 12
吃葡萄不吐葡萄皮儿(b、p) / 12

注：加 * 号的绕口令为作者原创的绕口令。

破布头儿(b、p、d、t) / 12
两只猫(b、p、m) / 12
白庙和白猫(b、m) / 13
小猫摸煤(m) / 13
妈妈骂马(m) / 13
大猫毛短(m) / 13
(二)唇齿音 f / 13
风吹灰飞(f、h) / 13
一条裤子七道缝儿(f) / 14
黑化肥灰化肥(f、h) / 14
化肥挥发(f、h) / 14
画凤凰(f、h) / 14
(三)舌尖中音 d、t、n、l / 15
大刀对单刀(d) / 15
炖冻豆腐(d) / 15
*嘀嘟寺(d) / 15
*d同声绕口令(d) / 16
大兔子和大肚子(d、t) / 16
短刀(d、t) / 16
打特盗(d、t) / 16
谭老汉(d、t) / 17
大兔和小兔(d、t) / 17
端汤上塔(t) / 18
蓝布棉门帘(n、l) / 18
*刘宁看梧桐(n、l) / 18
老农闹老龙(n、l) / 18

*怨和气(n、l) / 19
牛郎恋刘娘(n、l) / 19
男教练女教练(n、l) / 19
姥姥和老姥姥(l) / 20
六十六岁刘老六(l) / 20
(四)舌根音 g、k、h / 20
哥哥和姑姑(g) / 20
哥挎瓜筐过宽沟(g、k) / 21
哥哥捉鸽(g、k) / 21
哥怪沟(g、k) / 21
老华工葛盖谷(g、k) / 21
老爷堂上一面鼓(g、k、h) / 22
*刘宽刘光背筐走得慌
　(g、k、h) / 22
小郭小葛画花(g、h) / 23
华华和红红(h) / 23
*荷　花(h、f) / 23
(五)舌面音 j、q、x / 24
九叔九舅(j) / 24
京剧和警句(j) / 24
七加一,七减一(j、q) / 24
*娇娇嫁金桥(j、q、x) / 24
真稀奇(j、q、x) / 25
*学习(j、q、x) / 25
漆匠和锡匠(j、q、x) / 25
你学小芹还是小青(q、x) / 26

＊青豆角儿(j、q、x) / 26

氢气球(q、x) / 26

＊戏台演戏(x) / 26

新针纫新线(x) / 27

(六)舌尖后音 zh、ch、sh、r / 27

常州和长春(zh、ch) / 27

大车拉小车(zh、ch、sh) / 27

史老师讲时事(zh、ch、sh) / 28

朱叔锄竹笋(zh、ch、sh) / 28

实践出真知(zh、sh) / 28

晒得心里好难受
　(zh、sh、r) / 29

山羊上山(sh) / 29

说日(r) / 29

＊软弱柔(r) / 29

＊小阿妹想情郎(r) / 29

＊买油又买肉(r) / 30

＊七月(r) / 30

(七)舌尖前音 z、c、s / 31

做早操(z、c) / 31

＊乐生灾(z) / 31

子词丝(z、c、s) / 31

三哥三嫂子借我三斗三升
　酸枣子(z、s) / 31

比粗腿(c) / 32

四是四,十是十(s、sh) / 32

凿石狮子(s、sh) / 32

山羊(s、zh、sh) / 32

数石狮子(sh) / 33

第二单元　韵母练习

一、韵母的构成 / 35

二、韵母各部分的发音 / 35

(一)韵头的发音 / 35

(二)韵腹的发音 / 36

(三)韵尾的发音 / 36

三、韵母的分类 / 36

(一)单元音韵母 / 36

(二)复元音韵母 / 36

(三)鼻韵母 / 37

四、韵母的发音要领与练习 / 38

(一)单元音韵母 / 38

1.舌面单元音韵母 a、o、e、i、u、
　ü / 40

＊看爸爸(a) / 40

捞虾(a) / 40

＊小三子啊(a) / 41

八个小孩儿拔萝卜(a) / 41

＊打粑粑(a) / 42

胖娃和蛤蟆(a) / 42

冬瓜和西瓜(a) / 42

瓦打马(a) / 42

张大妈夏大妈(a) / 43
伊犁马(a) / 43
麻妈妈问妈妈(a) / 43
赔钵钵(o) / 43
*老婆婆(o) / 44
老婆婆托筐箩(o、uo) / 44
民兵排民兵多(o、uo) / 45
一个红薯滚下坡(o、e、uo) / 45
*各车归各辙(e) / 46
鹅和河(e) / 46
*鹅和蛇(e) / 46
大哥和二哥(e、uo) / 46
黄贺和王克(e) / 47
王七上街去买席(i) / 47
七棵树上结七样儿(i) / 48
拖拉机(i) / 48
*天气预报(i) / 48
*交梨(i) / 49
太阳太阳我问你(i) / 49
*开车戒"三急"(i) / 49
写福字(u) / 50
山上五棵树(u) / 50
镇江醋(u) / 51
鼓上画只虎(u) / 51
一匹布一壶醋(u) / 51
小黑虎数猪(u) / 52

苏胡子和胡胡子(u) / 52
敲鼓震了虎(u) / 53
服务部(u) / 53
好干部(u) / 54
布和醋(u) / 54
顾老五(u) / 55
*山中雾(u) / 55
破布补烂鼓(u) / 55
李小杜追兔(u) / 56
画老虎(u) / 56
*吃苦(u) / 57
西湖与泥壶(u) / 57
补布裤(u) / 57
村里新开一条渠(ü) / 58
*李玉举(ü) / 58
*买驴(ü) / 58
人心齐泰山移(ü、i) / 59
女小吕(ü、i) / 59
2. 舌尖单元音韵母-i(前)、
   -i(后) / 60
司机买鸡[-i(前)] / 60
*自己写字写四次[-i(前)] / 60
大嫂子和大小子[-i(前)] / 60
*石狮市没石狮[-i(后)] / 61
*转转树抽新枝[-i(后)] / 61

3. 卷舌单元音韵母 er / 62
＊要说"尔"专说"尔"(er) / 62
(二)复合元音韵母 / 62
1. 二合复韵母 / 63
(1)前响复韵母 ai、ei、ao、
　　ou / 63
＊白菜(ai) / 63
＊韵联(ai) / 63
大地由我巧安排(ai) / 64
抒情怀(ai) / 64
筛鞋歌(ai) / 64
求自在不自在(ai) / 65
＊白猫变黑猫(ei) / 65
冬天雪花是宝贝(ei) / 65
＊"了"字歌(ei) / 65
巡逻之歌(ei) / 66
老老道和小老道(ao、iao) / 67
骑竹马打土豪(ao) / 67
猫吃桃(ao、iao) / 67
扔草帽(ao) / 68
背着我的案板卖切糕(ao) / 68
＊镐告篙(ao) / 68
猫闹鸟(ao、iao) / 69
找厂长(ao) / 69
小槐树结樱桃(ao、iao) / 69
倒吊鸟(ao、iao) / 70

＊姥姥找药草(ao、iao) / 70
吃牛奶喝面包(ao、ou) / 71
忽听门外人咬狗(ou) / 71
＊大斗小斗(ou) / 71
彩楼锦绣(ou) / 71
黄狗咬我手(ou) / 72
＊遛狗(ou) / 72
＊暗发愁(ou) / 73
猴牵狗(ou) / 73
豆和油(ou) / 73
爷爷打狗(ou) / 74
虎撵猴(ou) / 74
老鼠偷豆又偷油(ou) / 74
借绿豆(ou) / 75
护豆豆(ou) / 75
(2)后响复韵母 ia、ie、ua、uo、
　　üe / 75
＊贾家养虾(ia) / 76
分不清是鸭还是霞(ia) / 76
＊考试答辩在今夜(ie) / 77
鞋子和茄子(ie) / 77
＊看爷爷(ie) / 77
打铁(ie) / 78
碟子和茄子(ie) / 78
瘸子和茄子(ie) / 79
＊茄子(ie) / 79

画荷花(ua) / 79
花青蛙和花西瓜(ua) / 79
墙头儿有个老南瓜(ua、a) / 80
小华和胖娃(ua) / 80
金钱花(uo) / 80
颠倒歌(uo) / 80
*麻纺的麻绳挂蝈蝈(uo) / 81
狼打柴,狗烧火(uo) / 81
*小薛小雪,雪中上学(üe) / 81
真绝(üe) / 82
谢老爹和薛大爷(üe、ie) / 82
2. 三合复韵母(中响复韵母)
　iao、iou、uai、uei / 82
小娇娇吃饺饺(iao) / 83
瓢(iao) / 83
*猫尿庙(iao) / 83
*鸟看表(iao) / 83
山羊上山(iao) / 84
慢表(iao) / 84
勺舀油(iou) / 84
九个酒迷喝醉酒(iou) / 85
妞妞爱柳(iou) / 85
*刘家和牛家(iou) / 85
牛驮油(iou) / 86
一葫芦酒九两六(iou) / 86
打油(iou) / 87

妞赶牛(iou) / 87
春雨贵如油(iou) / 87
一个老头儿一盅酒(iou、ou) / 87
战士学编篓(iou、ou) / 88
槐树槐(uai、ai) / 88
槐树歪歪(uai) / 88
*脑袋领着开个会(uei) / 89
*酒鬼(uei) / 89
龟与灰(uei) / 90
蝴蝶围着砖堆飞(uei) / 90
龟和鬼(uei) / 90

(三)**鼻韵母** / 90
1. 前鼻音韵母 an、en、in、ün、
　ian、uan、üan、uen / 91
盛饭(an) / 91
我们说了算(an) / 91
我比山高三尺三(an) / 92
*苍龙出水(an) / 92
鹅妈妈生蛋(an) / 92
南山修座发电站(an) / 92
学习就怕满、懒、难(an) / 93
俩判官(an) / 93
*天山春梦(an) / 93
*夜捉贼(en) / 94
*小盆问大盆(en) / 94
棚倒盆碎棚砸盆(en、eng) / 94

你也勤来我也勤(in) / 95

＊写信(in) / 95

＊张鑫和姜心(in) / 95

绿裙子(ün) / 96

军民心连心(ün) / 96

半边莲(an、ian) / 96

甜和咸(ian) / 96

＊灯捻儿(ian) / 97

＊屋檐前面荡秋千(ian) / 97

大姐编辫(ian) / 97

张家湾到李家湾(uan、an) / 98

＊弯弯山弯弯川(uan) / 98

画圆圈(üan) / 98

男演员女演员(üan、ian) / 99

谁眼圆(üan、ian) / 99

帆船(an、uan) / 99

初春时节访新村(uen) / 100

子不伦打靶(en、uen) / 100

2. 后鼻音韵母 ang、eng、ing、ong、iang、uang、ueng、iong / 100

大和尚和小和尚(ang) / 100

油一缸,豆一筐(ang、uang) / 101

床和船(ang) / 101

＊游开封(eng) / 101

路灯(eng、ing) / 102

真冷(eng) / 102

民兵排选标兵(ing) / 103

韵联(ing) / 103

天上七颗星(ing) / 103

东门钟家种冬瓜(ong) / 104

＊俩木桶(ong、ing) / 104

两个女孩儿都穿红(ong) / 104

＊种松和种葱(ong) / 105

聋童(ong) / 105

＊东方腾起中国龙(ong) / 106

建粮仓(iang) / 106

老将、小将、女将(iang) / 106

困难像弹簧(iang) / 107

杨家养了一只羊(iang) / 107

＊学上网(uang、ang) / 107

王庄和匡庄(uang) / 107

帆布黄(uang、ang) / 108

渔翁和老翁(ueng) / 108

＊韵联(iong) / 108

第三单元　声调练习

黄毛猫偷吃灌汤包 / 110

窗、床、墙 / 110

七支长枪 / 111

妞妞牛牛好朋友 / 111

＊访老方 / 111

珍珍绣锦枕 / 111

空树藏孔 / 112

＊画画儿 / 112

门口吊刀 / 112

买丝线 / 112

磨房磨墨 / 112

牛牛要吃河边柳 / 113

麻妈妈骑马 / 113

＊刘六遛牛 / 113

＊嘴啃泥 / 114

刘小柳和牛小妞 / 114

老史捞石 / 114

＊美如画 / 114

老翁和老翁 / 114

西、锡、惜 / 115

蓝衣布履刘兰柳 / 115

不怕不会 / 115

梨和栗 / 115

梁木匠和梁瓦匠 / 116

任命、人名、人命 / 116

时事是事实 / 116

胡家村里十五户 / 117

接　水 / 117

第四单元　对比辨读练习

（一）声母对比辨读练习 / 118

1. f—h / 118

一堆粪 / 118

理化和理发 / 119

灰粪肥 / 119

＊费话费 / 119

傅虎虎和胡福福 / 120

粉红活佛龛 / 120

买混纺 / 120

糊粉红佛花 / 121

黄幌子和方幌子 / 121

2. n—l / 123

老刘与老牛 / 123

男旅客穿蓝上装 / 123

四辆四轮大马车 / 123

老农闹老龙 / 124

新脑筋 / 124

练一练 / 124

练投篮 / 124

牛和柳 / 125

碾牛料 / 125

老奶牛 / 125

拉　粮 / 125

大娘家里上大梁 / 125

新郎和新娘 / 126

梨和泥 / 126

3. z—zh / 130

长虫围着砖堆转 / 130

抱子看报纸 / 130

招　租 / 131

＊祖传中医 / 131

撕字纸 / 131

4. c—ch / 134

晒白菜 / 134

＊吃鱼翅 / 135

粗出气与出气粗 / 135

5. s—sh / 138

老师撕纸 / 138

三山撑四水 / 138

柿子涩死石狮子 / 139

三月三 / 139

司小四和史小诗 / 139

＊少森、时春交情深 / 140

石狮寺前石狮子 / 140

死虱子 / 140

棕兔捉松鼠 / 141

织丝狮子 / 141

买细丝线 / 141

6. z—zh、c—ch、s—sh、r 与 j、q、x / 144

＊说粤语的朋友请注意 / 144

(二)韵母辨读练习 / 146

1. o—e / 146

颗颗豆子进石磨 / 146

＊老伯和老何 / 146

婆婆过河卖鹅去买锅 / 146

2. i—u / 147

拾麂皮补皮裤 / 147

簸秕谷子和谷秕子 / 147

壁补壁 / 147

3. i—ü / 147

红鲤鱼绿鲤鱼 / 147

＊圆圆月夜 / 148

＊一个剧团俩演员 / 148

＊吃荸荠 / 148

学语言 / 148

＊蓝雨伞绿雨衣 / 148

＊举行全国体育运动会 / 149

＊天气预报最新消息 / 149

4. u—ü / 149

＊去徐州 / 149

金锯子锯金柱子 / 150

5. ei—uei / 150

手艺学不会 / 150

黑化肥灰化肥 / 150
一堆肥一堆灰 / 150
6. ao—iao / 151
钓鱼要到岛上钓 / 151
桥上吊刀 / 151
悬崖吊雕 / 151
草　料 / 151
7. 鼻韵母 / 151
殷英敏和应尹明 / 151
夫新的父亲 / 152
银鹰炸冰凌 / 152
上山去栽马尾松 / 153
通信不同姓 / 153
银　星 / 153
天津和北京 / 153
敬母亲 / 154
东山立着一棵松 / 154
姓陈姓程 / 154
棚倒盆碎 / 155
陈庄城通郑庄城 / 155
二人说相声 / 156
＊圆眼燕与扁眼燕 / 156
选演员 / 156
同乡不同行 / 156
＊长城长 / 157

＊王庄和黄庄 / 157
司马光砸缸 / 157
东洞庭西洞庭 / 157
钉铜钉 / 158
(三)声母、韵母、声调综合 / 158
学好声韵辨四声 / 158
量窗量床又量墙 / 159
墙上一根钉 / 159
吃吐鲁番葡萄 / 160
砍斑竹搬包谷 / 160
桐子落,童子乐 / 160
古铜钱挂门帘 / 160
辨　读 / 161
杂志社出杂志 / 161
桑树和枣树 / 161
仿佛活凤凰 / 162
班干部管班干部 / 162
田建贤回家 / 162
簸谷子 / 163
算卦的和挂蒜的 / 163
大花活蛤蟆打破大花碗 / 163
＊自己的事情自己管 / 163
班鲍互助成标兵 / 164
＊辨　读 / 164

第五单元　语流音变练习

一、儿化 / 165

(一)儿化的作用 / 165

(二)儿化的音变规律 / 166

(三)儿化的练习 / 168

瘪玻璃棍儿鼓玻璃棍儿 / 168

*杂货铺儿 / 168

吃仁儿不吃皮儿 / 168

老头儿挖泥 / 169

*北京人爱小吃儿 / 169

编花篮儿 / 169

*兜儿装豆儿 / 169

*小耗子儿练写字儿 / 170

小饭碗儿 / 170

画格子儿建房子儿 / 171

为人民服务的思想贴心坎儿 / 171

*年轻人儿办喜事儿 / 172

*奶奶想说没有劲儿 / 172

练字音儿 / 173

一个老头儿 / 173

*添情趣儿 / 173

鸡子儿变糖葫芦儿 / 174

莲花儿灯 / 175

两个小孩儿 / 175

*二春儿当老师 / 176

到海边儿去遛弯儿 / 176

*有个小孩儿缺心眼儿 / 177

老婆儿赶小鸡儿 / 178

小哥儿俩 / 178

*种花儿结豆儿 / 179

集体装在心里头儿 / 179

乐得我天天儿合不上嘴儿 / 180

北京风味小吃(单弦) / 180

喜逛大栅栏儿(单弦) / 182

北京人儿(单弦) / 183

二、轻声 / 185

(一)轻声的作用 / 185

(二)轻声的音变规律 / 185

(三)轻声的练习 / 186

*"了"字歌 / 186

打南边儿来了个瘸子 / 187

比包饺子 / 187

天上日头 / 187

屋子里有箱子 / 188

胡子和驼子 / 188

*做买卖 / 188

*胡立虎 / 189

喇嘛和哑巴 / 189

大大伯家和二大伯家的狗 / 190

冰糖葫芦儿 / 190

三、变调 / 191

(一)"一"的变调 / 191

＊山寺僧人 / 192

＊家乡饭 / 192

一字诗 / 192

一字诗 / 193

一字诗 / 193

一个大一个小 / 193

＊关公庙 / 194

三个人一起出大力 / 194

一心一意 / 195

(二)"不"的变调 / 195

交公粮 / 195

＊"不"字歌 / 196

冬冬打碎一个花瓶儿 / 196

一个老僧一本经 / 197

四、"啊"的音变 / 197

鸡、鸭、猫、狗 / 199

张果老 / 199

第六单元　吐字归音、用气发声综合练习

一、吐字归音 / 201

(一)出字 / 201

(二)立字 / 201

(三)归音 / 202

二、用气发声 / 202

(一)气息训练 / 202

(二)声音训练 / 204

新年贺词(贯口) / 205

数　旗 / 205

一树枣儿 / 205

数葫芦 / 206

满天星 / 207

数青蛙 / 208

＊数城门 / 208

画不尽的丰收画儿 / 209

豆油灯 / 210

蛐蛐儿吹牛皮 / 211

望星空满天星 / 211

一是个一 / 212

山连山山绕山山山不断山套着山 / 213

附录1：曲艺节目中的绕口令

一园青菜成了精 / 218

"黑"字歌 / 218

十八愁 / 219

自己破谜儿自己猜 / 220

三国人物歌 / 221

东直门挂着匾 / 222

平则门拉硬弓 / 223

我不迢 / 223
社会主义好(贯口) / 226
风雨归舟(单弦) / 226
牧　童 / 227
一(快板) / 228
挡马(京剧) / 229
一盆饭(单弦) / 230
报菜名儿(相声) / 232
十道儿黑 / 233
百家姓 / 234
丫头打狗 / 235

附录2：绕口令集锦
年年春打六九头 / 239
姐妹二人去逛灯 / 239
数玲珑 / 240
小庙儿里住了个神道儿 / 246
观　灯 / 248

附录3：方言绕口令
(一)陕西话 / 251
你娃嫑牛 / 251
扯面宽得像裤带 / 251
出南门往北走 / 251
(二)合肥话 / 252
买个老母资 / 252

(三)海南话 / 252
开　门 / 252
(四)黄梅话 / 252
刻屋的刻打架 / 252
(五)宁波话 / 253
八　哥 / 253
(六)武汉话 / 253
陆军还六楼六斤肉 / 253
(七)福州话 / 254
爹妈齐欢喜 / 254
(八)客家话 / 254
唔　知 / 254
(九)四川话 / 254
甜汤圆和咸汤团 / 254
(十)湖南话 / 255
我想到你那山上走一转 / 255
(十一)菏泽话 / 255
不知谁碰了谁 / 255
(十二)温州话 / 256
买百张纸贴百个洞 / 256
(十三)绍兴话 / 257
我给侬做媒 / 257
(十四)丹阳话 / 257
平锅煮苹果 / 257
(十五)闽南话 / 258
鹿宿鸡啼 / 258

红柑壳 / 258

白布乌布补鼓 / 259

铜钉钉铜板 / 259

狗与猴过沟 / 259

(十六)贵州话 / 259

栽瓜地瓜,葫芦洋叉 / 259

月亮光光 / 259

散花 / 260

豌豆弯芽芽 / 260

(十七)广东话 / 261

买鱼肠,见姨丈 / 261

掘金桔 / 261

鸡贵还是龟贵 / 261

床脚撞墙脚 / 261

过海改袋型 / 261

毕生大吉 / 262

(十八)常州话 / 262

张家大姐家来咧 / 262

(十九)苏州话 / 263

上糕去挡醋 / 263

苏夫子借苏子 / 263

俩判官 / 263

(二十)上海话 / 264

老狼庙 / 264

牙刷牙膏香皂 / 264

哈刚有啥额刚头 / 265

前　言

　　什么是绕口令？绕口令又叫拗口令、急口令，是一种广泛流传于民间的传统语言游戏。绕口令通常合辙押韵，说起来拗口，但正因为拗口，就变成非常有趣的语言段子。由于绕口令有自己独特的语言功能、字词搭配技巧和审美价值，从而赢得了大家的喜爱，逐渐成为一种文学样式。古今中外，无论文人墨客还是平民百姓，都喜欢绕口令。一般人把说绕口令当成语言游戏，曲艺演员常把说绕口令作为基本功训练的手段。其他艺术语言工作者，如播音员、主持人、话剧演员、影视剧演员、歌唱演员、讲解员、教师等，也常把说绕口令作为语言训练手段。

　　"绕嘴、快说"是绕口令的关键要素。人们在长期运用有声语言的实践活动中发现，有些语音元素凑到一起，说起话来就特别绕嘴，或者叫特别"绊嘴"。尤其在说得快的时候，一不注意打个结巴，得重说一遍。有时来回重复几遍也说不顺溜，不是说走音了，就是一下绊那儿了。这在随意场合、一般语境下，众人一笑也就过去了；但若在庄重、严肃的正式场合，可能会产生不好的影响。在人们长期的有声语言实践活动中，大家更多、更普遍地还是从快说、绕口现象中发现了绕口的趣味性。人们根据汉语语音的特点，有意把绕口的语音元素编到一个小段子中,交叉着说、对比着说、反复地说;把同一个字、同一个词、同一个短语与发音相近的字、词、短语交叉说、对比说、反复说、掺杂着声调变化变换着说,有意提高绕口的难度,同时还要求说得快、说得顺,一气呵成,这样的挑战更激发了人们的兴趣。大家说着玩儿、比着说,顺顺溜溜绕过去了会有得胜者的喜悦,绕不出来的也在绕的过程中感到一份努力的快乐。因为绕口令有意思,所以一些优秀的绕口令长期流传于民间,还演绎出相声绕口令、快板绕口令、西河大鼓绕口令、河南坠子绕口令等多种艺术形式。

  关于我国绕口令的产生,有研究说,根据有文字可考的记载,"可间接地追溯到5000多年前的黄帝时代。古籍中侥幸保存下来的《弹歌》'断竹,续竹,飞土',相传为黄帝时期所作。"这段近乎原始形态的歌谣,已经有了绕口令的基本特征。由此推想,很可能在文字出现以前,绕口令就已经在人民群众中口头传播了。

  我国汉民族使用语言文字的历史很长,探索认识汉语言文字的历史也很长。以汉语语音研究为例,古代没有拼音。后来使用反切,就是用两个较常见的字,取第一个字的声母和第二个字的韵母,拼合起来就是这个字的字音,如"悍"(荷岸切)。明朝,西方传教士曾用拉丁字母拼写汉语,这是中国最早的拉丁字母拼音。明末清初,出现了用简单的古字表示汉语语音的拼音方式,以统一规范汉字读音。民国时期,1913年由中国读音统一会制定,1918年由北洋政府教育部发布的39个注音字母,即ㄚ、ㄛ、ㄧ、ㄨ、ㄩ、ㄅ、ㄆ、ㄇ、ㄈ……,就是这个注音系统的集中表现。中华人民共和国成立初期,我们沿用这套拼音方法为汉字注音。至今,《新华字典》中仍然保留着这种注音方式。从中华人民共和国成立起，我国出现了拉丁字母的拼音化运动。1957年10月，汉语拼音方案委员会提出采用拉丁字母的修正草案，也就是今天的汉语拼音方案。1958年2月11日，全国人民代表大会批准公布了《汉语拼音方案》。这个《汉语拼音方案》不仅有利于我们更准确、科学地为汉字注音，推广普通话，还有利于科学地研究汉语，特别是有利于科学地认识汉语音节结构，反映汉语发音规律以及各种语言现象、文学创作规律。在这里我们为什么花篇幅介绍汉语拼音的发展历程，目的是让大家更清楚地认识到在汉语语音研究还处于模糊状态时，广大民众、民间艺人已经在自己的语言实践中积累了丰富的语音知识，摸索出了汉语声、韵、调等一些基本规律，并巧妙运用这些规律创作出了大量优秀的绕口令作品。这是一笔弥足珍贵的文化遗产。

绕口令是一种文化现象，但一段段绕口令的创作和流传与文化水平高低没有必然联系。只要会说话，人人都可以上嘴绕着说，只要用心，人人都可以编一段绕口令。像"打南边来了个白胡子老头儿，手里拎着倍儿白倍儿白的白拐棒棍儿""门口吊刀，刀倒吊着""红鲤鱼绿鲤鱼与驴"等，都是民间艺人、平民百姓创作的优秀绕口令小段，内容通俗易懂、绕口技巧娴熟且精于变化。古代文人雅士、近代学者墨客们也有一些绕口令或类似绕口令的作品传世。他们的文化积淀丰富、文学修养深厚，他们掌握了大量的词汇及汉语重声、叠韵等语言使用规律。这里，请大家欣赏几段他们的宝贵留存。

首先看唐代诗人温庭筠在1000多年前所作的古诗《李先生别墅望僧舍宝刹，因作双韵声》：

栖息消心象,檐楹溢艳阳。帘栊兰露落,邻里柳林凉。
高阁过空谷,孤竿隔古冈。潭庐同淡荡,仿佛复芬芳。

温庭筠是晚唐著名诗人、词人。其作品注重诗词的文采和意境。这首诗明显不同于他的其他诗词作品,其显著特点就是强调用字的同声叠韵。正因为读起来绕口、困难,才使人体会到这段文字的趣味性和作者的文学才华。

再介绍一个宋代大文学家苏轼作"吃语诗"的小故事。据明朝冯梦龙在《古今谭概·文戏部》中的记载,苏轼流寓湖北武昌时,有一位姓王的朋友说话结巴,苏轼就写了首"吃语诗"叫他读,以矫正他的口吃。"全诗如下:

江干高居坚关扃,犍耕躬驾角挂经。
孤航系舸菰茭隔,笳鼓过军鸡狗惊。
解襟顾景各箕踞,击剑高歌几举觥。
荆笄供脍愧搅聒,干锅更夏甘瓜羹。

苏轼借这首"吃语诗",在密集的同声叠韵字造成绕口的语言游戏中,促使朋友练习口齿。另外据孔凡礼先生点校中华书局版《苏轼诗集》三十九卷还提到苏轼有一首奇诗,题为《戏和正辅一字韵》。全诗如下:

故居剑阁隔锦官,柑果姜蕨交荆菅。
奇孤甘挂汲古绠,侥觊敢揭钩金竿。
己归耕稼供藁秸,公贵干盅高巾冠。
改更句格各寒吃,姑因狡狯加间关。

苏轼这首诗也称"一字诗",从题目即可知道这是一首文人的文字游戏之作;若再上口读一下就会发现,这首诗重点不在内容、意境、文采,全诗特点在于绝大部分字用的是同一声母的字,压的又是同一个韵,即宋代时旧称的一个"字母",

由同一个字母的字写成的诗就叫"一字诗"。但宋代三十六个字母的发音和现在的汉语普通话语音有明显区别,宋代字母发音接近现代的粤语,苏轼以上两首诗若用粤语来读更能体现"吃语诗""一字诗"声韵运用的巧妙的特点,读起来绕口的效果特别好。这是否可以称为一首出自大文学家之手的绕口令呢?

另外,明代万历年间,有个叫谢肇淛的人,是当时的一位民俗家,他有一位口吃的县令朋友即将转任。谢肇淛与另一位朋友徐兴公前去送行,即兴写了一首五绝赠别:

绿柳龙楼老,林萝岭路凉。露来莲漏冷,两泪落刘郎。
黎岭连连路,兰陵累累楼。流离怜冷落,郎辇懒来留。

在一旁的徐兴公也乘兴和上一首:

留恋兰陵令,淋漓雨泪流。岭萝凉弄濑,路柳绿连楼。

这么绕口的同声五绝,这位口吃的县令一首也未能顺畅地念完,匆匆拱手告别,把这两首诗带到新的任所去慢慢诵习了。

明代诗人高启还作过一首叠韵《吴宫词》,押真韵。全诗如下:

筵前怜婵娟,醉媚睡翠被。精兵惊升城,弃避愧坠泪。

元代诗人王寂的诗《送王平仲》,其特色也在叠韵造成的拗口。全诗如下:

放浪曩肮脏,囊装将长扬。偓寒晚倦献,倘佯藏光芒。
著雨苦龃龉,苍茫荒羊肠。黯惨厌渐险,彷徨伤王阳。

再看几首我国近代史上在语言学、哲学、音乐等方面皆有极高造诣的大学者,中国语言学的开拓者赵元任先生写的三首别具一格的"单音文"。先看他最著名的"单音文"《施氏食狮史》。全文只用同声同韵的"shi"音字来完成。全文如下：

石室诗士施氏，嗜狮，誓食十狮。施氏时时适市视狮。十时，适十狮适市。是时，适施氏适市。施氏视是十狮，恃矢势，使是十狮逝世。氏拾是十狮尸，适石室。石室湿，氏使侍拭石室。石室拭，氏始试食是十狮尸。食时，始识是十狮尸，实十石狮尸。试释是事。

译成现代文大概是这样的：

有一个住在石头房子里姓施的诗人，喜欢吃狮子。他发誓要吃十只狮子，于是经常跑到集市上去看有无狮子。这一天十点钟，集市上来了十只狮子。这姓施的诗人碰巧就在集市上，他看见了这十只狮子。于是张弓用箭射死了这十只狮子。他把这十只狮子的尸体搬回他居住的石头房子。这石头房子有点湿，他便叫仆人把石头房子拭干。石头房子拭干了，他开始准备吃这十只狮子的尸体。等到开始吃时，才发现这十只狮子乃是十只石头狮子。你来说说这是怎么回事。

像这样的诗，恐怕只有用汉字才能表现得这样精彩，足见汉语的魅力。综观以上文人学者几段绕口的诗文，从形式上看，几乎都是咬文嚼字的文字游戏，书卷气十足，语言晦涩难懂。写出来需要才气，读起来非常吃力，听起来无比费力。文人学者茶余饭后的这些文字游戏，尽管也非常注重文字绕口，但作为绕口的语言游戏，它不及民间绕口令上口、好听、好懂、好记。由于它内容上、形式上、语言上不可克服的弱点，脱离民众，这类绕口令的欣赏价值高于它的普遍的游戏价值，以及民间的流传价值。

绕口令尽管有雅俗之别，但以汉语普通话绕口令为例，总体上可以归纳出以下几个特点：

(1)内容简单、通俗浅显、好懂好记,有大量有趣的内容。比如"稀奇稀奇真稀奇,麻雀踩死老母鸡,蚂蚁身长三尺六,八十岁的老头儿躺在摇篮里。""端汤上塔,塔滑汤撒,汤烫塔。"正因为如此,所以无论文化水平高低、阅历深浅、年龄大小,谁都能理解绕口令的内容,谁都可以绕一段,轻松上口,很有意思。

(2)为了说着方便,绕口令的段子篇幅短小、结构简单、文字朴实、语言简练、合辙押韵、节奏鲜明、活泼上口。

(3)鲜明体现汉语发音的基本规律。

这里需指出,尽管绕口令有合辙押韵的特点,但不能把合辙押韵的段子都当成绕口令。比如有人把顺口溜、儿歌、短小诗歌、歌谣当作绕口令,这就犯了概念上的错误。从形式上看,尽管和绕口令一样,儿歌、短小诗歌、歌谣等都注重节奏、合辙押韵,但却不以绕口为目的,不强调拗口语音元素的密集、交替使用,而以表达思想内容为目的。例如内容简单的传统北京儿歌"小小子儿,坐门墩儿,哭着喊着要媳妇儿。要媳妇儿干吗？点灯说话儿,关灯作伴儿,早晨起来梳小辫儿。"(押儿化韵,不绕口);如山西歌谣(用山西话念)"狼打柴,狗烧火,猫儿上炕捏窝窝。"(押 uo 韵,不绕口);如诗歌《草原》"蓝天上是片片白云,草原上是银色的羊群。近处看,这是羊群,那是白云;远处看,分不清哪是白云,哪是羊群。"(押 ün 韵,不绕口)。而绕口令的目的很单纯,就是为了绕口,如果只押韵不绕口也称为绕口令,就改变了绕口令的本质,丧失了绕口令独特的语言功能和魅力。

当然从语言训练的角度讲,绕口令、顺口溜、儿歌、诗歌、歌谣都可以作为训练材料使用,增加训练的趣味性,但不能因此混淆概念。

本书书名为《绕口令》,但其中也收入少量顺口溜、诗歌、歌谣,主要原因就是本书需要兼顾语言训练的实际需要。具体原因有三:

(1)真正的绕口令数量是比较少的,优秀的、典型的绕口令更少。作为语言训练材料,它们远远满足不了实际需要。

(2)绕口令创作必定以绕口有趣为目的,在绕口令关节点的选择上,作者的随机性很强,造成现有的绕口令涉及的语音现象有很大局限性。而人们在学习语言、训练发音过程中遇到的问题却是多种多样的。现有的绕口令远远满足不了学习语言的需要,这对语音训练是很大的缺憾。因此我们需要借助顺口溜、诗歌、歌谣等,予以补充。另外,为弥补语言训练的薄弱环节、适应语言训练的需要,作者创作了一些可能还不够成熟的绕口令小段子,如"说粤语的朋友请注意""自己写字写四次""要说'尔'专说'尔'""看爷爷""大斗小斗""去徐州""小耗子儿练写字儿"等。

(3)当一个人存在某个语音问题时,专门针对他的问题选择特定的顺口溜、诗歌、歌谣进行训练时,其绕口难度丝毫不亚于一般人说难度高的绕口令。例如,外国人学汉语、方言区的人学普通话,常常发不好后鼻音韵母,造成前后鼻音不分、语意混淆。本书所选《东方腾起中国龙》,便是针对前后鼻音问题创作。集中选用以 ong 为主,混搭另外三种后鼻韵母 eng、ing、ang 的字词,还用了前鼻音韵母天(ian)、半(an)、愿(uan)几个字,无形中加大了发音难度,既要注意唇形、口腔开度变化,又要控制舌尖、舌根的交替使用。在一个段子里,这些字词的反复、交替使用,对于一个有后鼻韵母发音困难的人,其绕口难度、语音分辨难度可想而知。

绕口令不仅中国人喜欢,全世界的民众都喜欢。各国有各国的语言,各民族有各民族的语言,各地域有各地域的方言。仅我国,粗略说有汉语及不同的民族语。汉语有全国推广的普通话及数不胜数的各地方言。尽管语言千差万别、各不相同,但各国、各民族、各地域的人们,在长期使用自己语言的口语实践中都发现了绕口的有趣现象,并且利用各种绕口的规律编了很多有趣的语言游戏段子——绕口令。各国有各国的绕口令,各民族有各民族的绕口令,各地域有各地域的方言绕口令。为满足更多读者的兴趣和需要,本书也收集整理了一些方言绕口令供参考。

前面提到,绕口令是民间智慧的结晶,绕口令不以内容丰富、思想深刻、意境悠远、结构巧妙、辞藻华丽见长,相反恰恰因为它内容单纯、结构简单、篇幅短小、语言朴实,然而却准确抓住语言绕口的规律,巧用心思变着花样来回绕着说那点简单的事,这样,说绕口令的人才能集中精力专注在"绕嘴"上。即便这样,说顺了、说好了也不容易。绕口令不仅仅是语言游戏,还是学习普通话、训练发音的好材料。它可以锻炼头脑反应灵敏、脑口配合灵活,促进唇、舌、齿、腭等发音咬字器官的动作灵活有力、准确到位;促进口腔开闭、口形圆展、舌位高低前后运动变化、声调抑扬恰当,从而做到用气自如、吐字清晰、口齿伶俐。这本书首先是为广大绕口令爱好者提供内容比较丰富的绕口令资料。另外,这本书想对有以下需要的朋友提供一些帮助:

(1)这本书是为专门从事语言工作的朋友,特别是从事专业语言艺术工作的朋友提供的一本练习普通话、加强语言基本功训练的教材。许多绕口令当初就是说唱艺人训练口舌之功、练气练声、练字音留下的段子,对于播音员主持人,对于戏曲、曲艺、话剧、电影、电视剧、歌唱演员来说,是加强基本功训练的宝贵财富。

(2)随着社会的发展和进步,社会分工日渐细化,以说话为职业的人增多。克服口齿含混,提高普通话水平,提升语言能力,改善声音喑哑、音量弱小,已经成为越来越多的人关注的问题。如大中小学教师、幼儿教育工作者、各级各单位新闻发言人、广播员、解说员、婚礼及社会活动的主持人、导游、导购、窗口行业工作者……,这本绕口令可以帮助您克服语言问题,改善语言面貌。

(3)现在国际交往越来越频繁,我国与世界各国的往来也日渐密切,很多外国人也需要学中国话。这本书是为外国人学汉语、海外华人练汉语收集整理的绕口令训练材料,简单而有趣。

(4)改革开放以后,越来越多的人离开自己的家乡,走向全国各地更广阔的天地,去寻找更适合自己发展的空间。要融入更广阔的社会,学好普通话就成为一种需要。这本书有助于方言地区的朋友学习普通话。

(5)这本书对儿童早期语言能力的开发、心智的开启大有裨益。

绕口令练习提示

先对这本书的编排作几点说明：

(1)这本书有普通话绕口令、方言绕口令。其中，以普通话绕口令为主。

(2)为方便大家选择、查找普通话绕口令，根据普通话声母、韵母、声调、语流音变、吐字归音、用气发声的顺序，对绕口令进行了编辑整理。很多绕口令是综合性很强的段子，如"妈妈骂马，马慢妈妈骂慢马"，就既适合练习声母 m 的发音，也适合练习韵母 a 的发音，还适合练习四声。在这本书中，我把它归入韵母 m，但在个人练习时可以有所侧重，根据自己的情况灵活掌握。

(3)为编辑这本书，我收集了很多材料，在编辑过程中对个别段子进行了局部修改。一是用词更符合汉语普通话语言规范；二是内容更集中、充实；三是语句更简洁，合辙押韵，符合绕口令的结构特点；四是更具使用价值。例如《两个小孩儿》原文为："有个男小孩儿，穿件蓝小褂儿，拿着小竹篮儿，装着年糕和镰刀。有个小女孩儿，穿着绿花儿裙，梳着俩小辫，拉着一头老奶牛。俩人儿手拉手儿，唱着快乐的牧牛歌儿，拉着牛，拿着篮儿，溜溜达达向前走，走到柳林边儿，拴上牛，放下篮儿，拿出年糕和镰刀，吃了甜年糕，拿起小镰刀，提起竹篮儿去割草。割了一篮儿又一篮儿嫩绿嫩绿的好青草,欢欢喜喜地喂饱了那头老奶牛。"修改为:"有个小男孩儿,穿着蓝小褂儿,拿着小竹鞭儿。有个小女孩儿,头上插着花儿,嘴上俩酒窝儿,梳着俩小辫儿,提着小竹篮儿。俩人儿手拉手儿,唱着牧牛歌儿,牵着牛,提着篮儿,走到青青柳林边儿。你割青草我装篮儿,割了一篮儿又一篮儿。"

绕口令符合普通话规范,不仅指语音规范,词汇、语法方面也应规范。《天上日头》是段训练轻声的绕口令,原作是"天上日头,嘴里舌头,地上石头,桌上纸头,手掌指头,树上枝头,集上市头。"第一,这段绕口令中的"纸头""市头",不是普通话词汇;第二,"枝头"不能读轻声,而是中重格式。为了按普通话语言规范进行训练,避免方言区的朋友在训练时进入误区,所以在编辑时对存在类似问题的段子进行了一定修改。

还有些绕口令由于传来传去可能走了样儿,存在错别字、用词不当、韵脚散乱、内容拖沓、失去节律等问题,编辑时在尽可能保持原作面貌的基础上,谨慎地进行了订正、修改。绕口令的作者大都无从考证,发现问题也无法与作者交流、沟通。在这里我首先对作者表示充分尊重,同时也请谅解我的修改。

(4)绕口令是民众智慧的结晶,也有不少绕口令是历代说唱艺人的创作,还有些绕口令是近些年来曲艺界人士创作的表演节目,以及演艺界、播音界、教育界人士等为适应专业语言训练需要改编创作的段子。能编辑成这本书,首先要对所有绕口令段子的知名的、不知名的创作者表示感谢。另外,编著者本人也结合自己的实践经验,针对培养播音员主持人、指导歌唱演员的教学需要,创作了一些绕口令段子,共计106段。为方便大家批评指正,凡自创段子在标题前面都加注了＊号作为提示。

(5)本书作为语言训练教材,要顾及训练内容的全面性、针对性,因此不可避免地选用了极少量的顺口溜、民歌、歌谣、短小诗歌。如果你只想练绕口令,那么可以自己从中选择。

另外,就绕口令练习作几点提示,仅供参考。

(1)练习绕口令不是每天练习时间越长越好,也不在于早晨练还是晚上练,而在于每次练习时要专心、认真,针对自己的问题边琢磨边练。练习时保持积极向上的心态,并且按照正确的汉语普通话发音要求进行练习。每个字尽量发得正确、清晰、饱满、圆润,不要把字咬死。

(2)练习绕口令不能单纯求快。如果发音不正确,念得越快,错误发音重复的次数越多,距离正确发音就会越远。所以练习绕口令,发音正确、吐字清晰是前提,在这个基础上循序渐进,速度由慢到快、声音由小到大、段子由易到难。蓄气量不断增加,气息控制由弱到强。这时,快绕才成为促进思维反应敏捷、咬字器官配合灵活、呼吸谐调自如的有效手段。

(3)根据自己吐字发音、用气发声中存在的问题,有针对性地选择绕口令进行练习。选择绕口令不一定非要选择长段子,一些短段子绕口效果也非常好,如"瘪玻璃棍儿比鼓玻璃棍瘪,鼓玻璃棍儿比瘪玻璃棍鼓。""老龙年年闹老农,老农年年闹老龙。农怒龙恼农更怒,龙恼农怒龙怕农。"如果你过了吐字关,需要练习气息控制、记忆力和头脑反应,那就需要选择长段子、贯口了。

（4）思想感情是语言的内核。因此，即使是说很短的绕口令，也要先把段子里的内容看明白：看里边说的是什么事、先说什么后说什么。稍长一点的绕口令还需随着内容，对绕口令里说的事展开想象，边想象边体会绕口令中贯穿的情绪和情绪的具体变化。情绪顺了，说出来的话才顺，整个绕口令听起来才贯通。否则为绕口而绕口，往往就真的被绕住了。

（5）抓住段子中的关键词，也就是造成自己拗口的关键词。同一段绕口令对不同人来说，可能拗口的关键词不一样，举个例子来说明，"门口吊刀，刀倒吊着"。有的人可能在韵母 ao 或 iao 上转换不过来，也有人可能在 dao 的一声"刀"和四声"倒"上转换不过来。问题不一样，说绕口令过程中折(shé)的位置不一样。抓住了问题的关键，认真应对就能解决。

综上所述，你若有心练习绕口令，就请你有的放矢、循序渐进、坚持练习，你一定会有所收获。祝你进步！

第一单元　声母练习

汉语中一个方块字就是一个音节。音节通常由声母、韵母、声调三部分构成。

处在音节开头的辅音就是声母。声母全部由辅音充当。普通话中共有 21 个辅音声母：b、p、m、f、d、t、n、l、g、k、h、j、q、x、zh、ch、sh、r、z、c、s。

声母发得不好，字音就发得不清楚。声母发得不对，字意就不对。如"知识"（zhīshi），"知"的声母 zh 若错发成声母 z，"知识"就变成了"姿势"（zīshi）。如果声母 n、l 不分，就会把"蓝（lán）的"说成"男（nán）的"，把"铝（lǚ）的"说成"女（nǚ）的"，这样就会失之毫厘、谬之千里。

一、声母的发音要领

怎样发好声母？请注意两点：

（一）找准正确的发音部位

声母的发音有一个特点，即气流经过口腔时，口腔的某个部位会对气流造成阻碍。不同的声母，气流在口腔中受到阻碍的部位不同,发音方法也不同。口腔内对气流形成阻碍的部位,就是声母的发音部位。要想发好声母,就要找准气流在口腔受到阻碍的正确部位。普通话声母发音共有 7 个部位(见图 1-1 发音器官示意图和图 1-2 声母发音部位简图)。

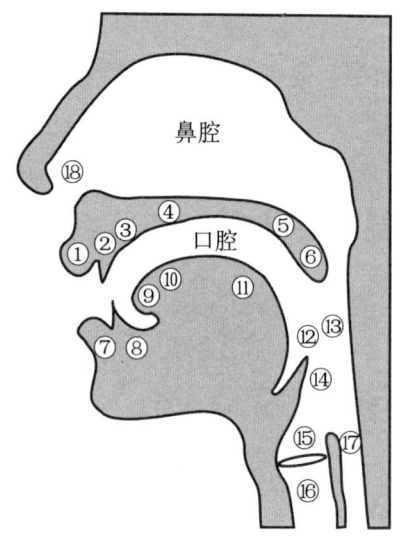

①上唇　②上齿　③齿龈　④硬腭　⑤软腭
⑥小舌　⑦下唇　⑧下齿　⑨舌尖　⑩舌面
⑪舌根　⑫咽头　⑬咽壁　⑭会厌　⑮声带
⑯气管　⑰食道　⑱鼻孔

图 1-1　发音器官示意图

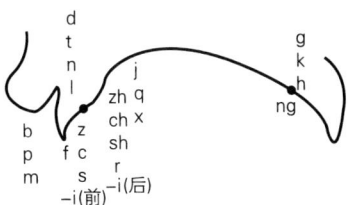

图 1-2　声母发音部位简图

1. 双唇音 b、p、m

上唇与下唇闭拢对气流形成阻碍，在这个部位除阻后发出的音。

2. 唇齿音 f

下唇与上齿接触，对气流构成阻碍后发出的音。

3. 舌尖中音 d、t、n、l

舌尖抵住上齿龈，气流在舌尖与上齿龈接触成阻后发出的音。

4. 舌根音 g、k、h(ng)

抬起舌根与硬软腭交界部分接触或接近成阻，气流在这一部位受到阻碍后发出的音。

5. 舌面音 j、q、x

抬起舌面前部抵住或接近硬腭前部，气流在这一部位受到阻碍后发出的音。

6 舌尖后音 zh、ch、sh、r

舌根微收，舌尖翘起与硬腭前部接触或接近构成对气流的阻碍后发出的音。

7. 舌尖前音 z、c、s

舌尖平伸抵住或接近上门齿背构成对气流的阻碍后发出的音。

(二)掌握正确的发音方法

只找准正确的发音部位还不够,你会发现同一个发音部位,为什么会发出几个不同的声母呢?例如同是双唇部位成阻,为什么会发出 b、p、m 三个不同的声母呢?因为它们有不同的发音方法。

声母的发音方法有五种:塞音、擦音、塞擦音、边音、鼻音。

1. 塞音 b、p、d、t、g、k

发音时,发音部位闭合,气流受到完全阻塞,并积蓄在受阻部位,不能通过。然后阻塞部位突然打开,解除对气流的阻碍,形成气流喷发而出的效果,发出塞音。例如发 b、p 音时就是上唇、下唇闭合,气流受到完全阻塞,并积蓄在上下唇,不能从口腔通过。然后上下唇突然打开,解除对气流的阻碍,形成气流从上下唇间喷发而出的效果。

2. 擦音:f、h、x、sh、r、s

发音时,发音部位的两个部分靠近形成一个缝隙,让气流从这个缝隙中间挤出去,形成摩擦音。例如发 h 音时就是舌根与硬腭软腭交界的部位靠近,形成一个缝隙,然后让气流从这个缝隙挤出去,形成摩擦音。

3. 塞擦音 j、q、zh、ch、z、c

塞擦音是塞音、擦音两种发音方法相结合。发音时,发音部位的两个部分先用力闭合,阻止气流通过;然后两个部分放开一点,形成一条缝隙,气流从缝隙中摩擦挤出,就形成塞擦音。例如发 zh、ch 音时,舌根微缩,使舌尖后移并微微翘起,先与硬腭前部接触,阻止气流通过,然后舌尖放开一点,与硬腭前部形成一条窄窄的缝隙,气流从这个缝隙中挤出,摩擦发音。

4. 边音 l

发音时,舌尖与上齿龈中间的一点接触,对气流形成阻碍,舌尖的两边松弛自然,气流可以从舌尖两边通过。当舌尖与上齿龈放开,完全解除对气流的阻碍时,边音发音结束。

5. 鼻音 m、n

发音时,两个发音部位接触,从而关闭气流的口腔通道;同时让软腭后部与小舌放松、下垂,打开鼻腔通道,让气流从鼻腔透出,从而发出鼻音。例如发 n 音,就是抬起舌尖抵住上齿龈中间,从而在这个部位关闭气流的口腔通道,同时让软腭后部与小舌放松、下垂,打开鼻腔通道,让气流从鼻腔透出,从而发出 n 音。m、n 音的鼻音音色不同,主要是口腔中的成阻部位不同造成的。

另外,声母的发音还有清浊之分。

发音时声带颤动的声母,称为浊辅音。普通话中浊辅音声母共有 4 个:m、n、l、r。发音时声带不颤动的声母,称为清辅音。普通话声母 21 个,除去以上 4 个浊辅音声母外,其余的 17 个都是清辅音声母。

如声母 sh 与 r,它们的发音部位、发音方法都相同,但因为发音时它们有清浊之分,就成为两个不同的声母。发 r 音时,声带颤动,为浊辅音声母;而发 sh 音时,声带不颤动,为清辅音声母。

普通话声母的发音,还有送气音与不送气音的区别(这个问题只在塞音与塞擦音中进行区分)。普通话声母发音时呼出的气流较强,为送气音。普通话声母发音时呼出的气流较弱,为不送气音。

b 和 p、d 和 t、g 和 k、j 和 q、zh 和 ch、z 和 c 这六组声母,每组声母的发音部位、发音方法完全相同。它们之间的区别就在于 b、d、g、j、zh、z 发音时呼出的气流较弱,为不送气音;而 p、t、k、q、ch、c 发音时呼出的气流较强,为送气音。

在汉语相似的语音结构中,声母不送气还是送气,有区别意义的作用。如:

被(bèi)套——配(pèi)套　肚(dù)子——兔(tù)子

练习声母的发音时,可以对照声母的发音部位和发音方法,看看自己声母的发音有什么问题,然后选用适当的绕口令进行有针对性的练习。

二、声母的发音练习

(一)双唇音 b、p、m

白拐棒棍儿(b)

打南边儿来了个白胡子老头儿,
手里拄着倍儿白倍儿白的白拐棒棍儿。

剥皮儿(b)

白葡萄皮儿,白葡萄皮儿,
白葡萄皮儿薄,剥不下皮儿。

巴老爷和芭蕉树(b)

巴老爷有八十八棵芭蕉树。
来了八十八个把式
要在巴老爷八十八棵芭蕉树下住。
巴老爷拔了八十八棵芭蕉树,
不让八十八个把式
在八十八棵芭蕉树下住。
八十八个把式烧了八十八棵芭蕉树,
巴老爷在八十八棵芭蕉树边哭。

八斤鸡和八斤狗(b)

我家有只肥净白净八斤鸡,
飞到张家后院儿里。
张家后院儿有条肥净白净八斤狗,
咬了我家的肥净白净八斤鸡。
我要张家卖了他的肥净白净八斤狗,
来赔我家的肥净白净八斤鸡。
张家不卖他的肥净白净八斤狗,
不赔我家的肥净白净八斤鸡。

扁担长板凳宽(b、d)

扁担长,板凳宽,

板凳没有扁担长,
扁担没有板凳宽。
扁担绑在板凳上,
板凳不让扁担绑在板凳上,
扁担偏要绑在板凳上。

长扁担短扁担(b、d)

长扁担,短扁担,
长扁担比短扁担长半扁担,
短扁担比长扁担短半扁担。
长扁担绑在短板凳上,
短扁担绑在长板凳上。
长板凳不能绑比长扁担短半扁担的短扁担,
短板凳也不能绑比短扁担长半扁担的长扁担。

* 选扁担(b、d)

选扁担便选扁扁担,扁扁担便是好扁担。

白石塔白石搭(b、d、t)

白石塔白石搭,
白石搭白塔,白塔白石搭。
搭好白石塔,白塔白又大。

---

* 注:加 * 号的绕口令为作者原创的绕口令。

八百标兵(b、p)

八百标兵奔北坡,炮兵并排北边跑。
炮兵怕把标兵碰,标兵怕碰炮兵炮。

八了百了标了兵了(b、p)

八了百了标了兵了奔了北了坡,
炮了兵了并了排了北了边了跑。
炮了兵了怕了把了标了兵了碰,
标了兵了怕了碰了炮了兵了炮。

掰棒子(b、p)

黄胖子,白胖子,
俩胖子背筐掰棒子。
黄胖子掰白棒子,
白胖子掰黄棒子。
黄胖子不能掰白胖子的黄棒子,
白胖子也不能掰黄胖子的白棒子。
俩胖子掰了棒子剥棒子,
剥了棒子搬棒子,
搬了棒子摆棒子。
掰棒子,剥棒子,搬棒子,摆棒子,
累得俩胖子,
分不清黄胖子该掰白棒子,
还是白胖子该掰黄棒子。

补皮裤(b、p)

上刺儿山,砍刺儿树,
刺儿树扯破我皮裤。
皮裤破,补皮裤,
皮裤不破不必补皮裤。

冰棒碰瓶(b、p)

半盆冰棒半盆瓶,
冰棒碰盆盆碰瓶。
盆碰冰棒盆不怕,
冰棒碰瓶瓶必崩。

买饽饽(b、p)

白伯伯,彭伯伯,
饽饽铺里买饽饽。
白伯伯买的饽饽大,
彭伯伯买的大饽饽。
拿到家里给婆婆,
婆婆又去比饽饽。
不知白伯伯买的饽饽大,
还是彭伯伯买了大饽饽。

补皮褥子(b、p)

补破皮褥子不如不补破皮褥子。

* b、p 同声绕口令(b、p)

八鞭薄冰不必奔,
背板抱病别帮绷。
怕烹琵琶盼碰盆,
频谱劈坡片抛平。

一平盆面(b、p)

一平盆面,烙一平盆饼,
饼碰盆,盆碰饼。

炮兵和步兵(b、p)

炮兵攻打八面坡,
炮兵排排炮弹齐发射。
步兵逼近八面坡,
歼敌八千八百八十多。

爸爸抱宝宝(b、p)

爸爸抱宝宝,
跑到布铺买布做长袍。
宝宝穿了长袍不会跑,
跑了八步就扯破了布长袍。
布长袍破了还要用布补,
又跑到布铺买布补长袍。

找宝(b、p)

一座棚傍峭壁旁,
峰边喷泻瀑布长。
不怕暴雨瓢泼冰雹落,
不怕寒风扑面雪飘扬。
并排分班翻山攀坡把宝找,
聚宝盆里松柏飘香百宝藏。
背宝奔跑报矿炮劈山,
篇篇捷报飞伴金凤凰。

吃葡萄不吐葡萄皮儿(b、p)

吃葡萄不吐葡萄皮儿,
不吃葡萄倒吐葡萄皮儿。

破布头儿(b、p、d、t)

破布头儿补破布兜儿,
破布兜儿补破布头儿。

两只猫(b、p、m)

白猫黑鼻子,
黑猫白鼻子。
黑猫的白鼻子,
碰破了白猫的黑鼻子。
白猫的黑鼻子破了,
剥个秕谷壳儿补鼻子。

黑猫的白鼻子没破,
不必剥秕谷壳儿补鼻子。

白庙和白猫(b、m)

白庙外蹲一只白猫,
白庙里有一顶白帽。
白庙外的白猫看见了白庙里的白帽,
叼着白庙里的白帽跑出了白庙。

小猫摸煤(m)

小猫摸煤,煤飞小猫满毛煤。

妈妈骂马(m)

妈妈骂马,马慢妈妈骂慢马。

大猫毛短(m)

大猫毛短小猫毛长。
大猫毛比小猫毛短,
小猫毛比大猫毛长。

(二)唇齿音 f

风吹灰飞(f、h)

风吹灰堆灰乱飞,
灰飞花上花堆灰。
风吹花灰灰飞去。

灰在风里飞又飞。

一条裤子七道缝儿(f)

一条裤子七道缝儿,
横缝儿上面有竖缝儿,
竖缝儿上面有横缝儿。
缝了横缝儿缝竖缝儿,
缝了竖缝儿缝横缝儿。

黑化肥灰化肥(f、h)

黑化肥发灰,
灰化肥发黑。
黑化肥掺灰化肥,
灰里发黑,黑里发灰。

化肥挥发(f、h)

黑化肥发灰,
灰化肥发黑。
黑化肥挥发会发灰,
灰化肥挥发会发黑。

画凤凰(f、h)

粉红墙上画凤凰,
凤凰画在粉红墙。
红凤凰,粉凤凰,
红粉凤凰,粉红凤凰,花凤凰。

(三)舌尖中音 d、t、n、l

大刀对单刀(d)

大刀对单刀,单刀对大刀。
大刀斗单刀,单刀夺大刀。

炖冻豆腐(d)

会炖我的炖冻豆腐,
来炖我的炖冻豆腐。
不会炖我的炖冻豆腐,
就别炖我的炖冻豆腐。
要是混充会炖我的炖冻豆腐,
炖坏了我的炖冻豆腐,
那就吃不成我的炖冻豆腐。

*嘀嘟寺(d)

东有嘀嘟山,山有嘀嘟寺,
有个嘀嘟爷,上山去祈福。
手提嘀嘟油,腰里别葫芦,
嘴念嘀嘟经,三步一叩首。
面见嘀嘟佛,佛爷开慈目,
大经念三遭,小经唱六度。
嘀嘀嘟嘟,嘀嘟嘀嘟,
嘀嘟嘀嘟,嘀嘟嘀嘟。
嘀嘟梦醒嘀嘟屋,

睁眼不见嘀嘟寺。
嘀嘟母鸡叫嘀咕,
嘀嘟老猪打呼噜。

*d 同声绕口令(d)

担当叮咚颠倒掉,
掉地跌丢灯叼刀。
刀多等待道德对,
德对顿懂雕吊岛。
豆冻堆垛腚垫底,
毒赌断道胆大斗。

大兔子和大肚子(d、t)

大兔子大肚子,
大肚子的大兔子,
要咬大兔子的大肚子。

短刀(d、t)

断头台倒吊短刀,
歹徒登台盗短刀。
断头台塌盗跌倒,
对对短刀叮当掉。

打特盗(d、t)

调到敌岛打特盗,
特盗太刁投短刀。

挡推顶打短刀掉,
踏盗得刀盗打倒。

谭老汉(d、t)

谭家谭老汉,
挑担到蛋摊。
买了半担蛋,
担蛋到炭摊。
买了半担炭,
满担是蛋炭。
老汉往回赶,
脚下绊一绊。
跌了谭老汉,
打了半担蛋。
翻了半担炭,
脏了木门槛。
老汉看一看,
急得满头汗。
连说怎么办,
蛋炭完了蛋,
老汉怎吃蛋炒饭。

大兔和小兔(d、t)

大兔肚子大,
小兔肚子小,
大兔比小兔肚子大,

小兔比大兔肚子小。

端汤上塔(t)

端汤上塔,塔滑汤撒,汤烫塔。

蓝布棉门帘(n、l)

出前门,往正南,
有个面铺面冲南,
门口挂着蓝布棉门帘。
摘了它的蓝布棉门帘,
面铺面冲南,
给它挂上蓝布棉门帘,
面铺还是面冲南。

*刘宁看梧桐(n、l)

刘宁六月离南宁,
溜到湖南醴陵看梧桐。
醴陵梧桐枝叶浓,
南宁醴陵桐不同。

老农闹老龙(n、l)

老龙年年闹老农,
老农年年闹老龙。
农怒龙恼农更怒,
龙恼农怒龙怕农。

*怨和气(n、l)

吕良气吕娘,
吕娘怨李良。
李良气吕良,
吕良怨李良。

牛郎恋刘娘(n、l)

牛郎年年恋刘娘,
刘娘连连念牛郎。
牛郎恋刘娘,
刘娘念牛郎,
郎恋娘来娘念郎。

男教练女教练(n、l)

蓝教练是女教练,
吕教练是男教练。
蓝教练不是男教练,
吕教练不是女教练。
蓝南是男篮主力,
吕楠是女篮主力。
吕教练在男篮训练蓝南,
蓝教练在女篮训练吕楠。

姥姥和老姥姥(l)

老姥姥老问姥姥老不老,
姥姥老问老姥姥小不小。

六十六岁刘老六(l)

六十六岁的刘老六,
修了六十六座走马楼,
楼上摆了六十六瓶苏合油,
门前栽了六十六棵垂杨柳,
柳上拴了六十六只大马猴。
忽然一阵狂风起,
吹倒了六十六座走马楼,
打翻了六十六瓶苏合油,
压倒了六十六棵垂杨柳,
吓跑了六十六只大马猴,
气死了六十六岁的刘老六。

(四)舌根音 g、k、h

哥哥和姑姑(g)

哥哥挂钩,
钩挂哥哥刚换的白小褂儿。
姑姑隔着隔扇去钩鼓,
鼓高姑姑难钩鼓。
哥哥帮姑姑去钩鼓,

姑姑帮哥哥把小褂儿补。

哥挎瓜筐过宽沟(g、k)

哥挎瓜筐过宽沟，
赶快过沟看怪狗。
光看怪狗瓜筐扣，
瓜滚筐空哥怪狗。

哥哥捉鸽(g、k)

哥哥过河捉个鸽，
回家割鸽来请客。
客人夸哥吃鸽肉，
哥哥请客乐呵呵。

哥怪沟(g、k)

哥挎瓜筐过宽沟，
沟宽过沟瓜滚沟。
隔沟够瓜瓜筐扣，
瓜滚筐空哥怪沟。

老华工葛盖谷(g、k)

老华工葛盖谷，
刚刚过了海关归国观光，
来到港口公社，
观看故国港口风光。

昔日港口空空旷旷,
如今盖满楼阁,街道宽广。
过去高官克扣港口渔工,
鳏寡孤独尸骨抛山岗。
如今只见桅杆高挂帆,
渔歌高亢唱海港。
归国观光的葛盖谷无限感慨,
感慨故国港口无限风光。

老爷堂上一面鼓(g、k、h)

老爷堂上一面鼓,
鼓上一只皮老虎。
老虎抓破堂上鼓,
拿块破布往上补。
只见过破布补破裤,
没见过破布补破鼓。

*刘宽刘光背筐走得慌(g、k、h)

刘宽刘光背筐走得慌,
刘宽慌得拉着刘光找刘光,
刘光慌得背着箩筐找箩筐。
刘宽刘光背筐爬山找矿长,
矿长用矿渣制砖有独创。
矿长送刘光一筐砖,送刘宽砖一筐,
刘宽刘光赶回庄里忙推广。

小郭小葛画花(g、h)

小郭画了朵红花,
小葛画了朵黄花。
小郭想拿他画的红花,
换小葛画的黄花。
小葛把他画的黄花,
换了小郭画的红花。

华华和红红(h)

华华有两朵黄花,
红红有两朵红花。
华华要红花,
红红要黄花。
华华送给红红一朵黄花,
红红送给华华一朵红花。
华华和红红,
每人一朵黄花一朵红花。

*荷 花(h、f)

荷花开花花粉红,
粉红荷花花会风,
风中蝴蝶翻飞舞,
舞中蝴蝶附花红。

(五)舌面音 j、q、x

九叔九舅(j)

九叔九舅,就酒吃肉。

京剧和警句(j)

京剧叫京剧,
警句叫警句,
京剧不能叫警句,
警句不能叫京剧。

七加一,七减一(j、q)

七加一,七减一,
加完减完等于几?
七加一,七减一,
加完减完还是七。

*娇娇嫁金桥(j、q、x)

娇娇嫁金桥,
起轿请舅瞧。
清酒鸡鸭齐,
七姐七舅到。
紧衣裙,俏襟袄,
娇娇娇又俏。
喜鹊叫,喜气绕,

轿过斜街巧过桥。

真稀奇(j、q、x)

稀奇稀奇真稀奇,
麻雀踩死老母鸡,
蚂蚁身长三尺六,
八十岁的老头儿躺在摇篮里。

*学习(j、q、x)

金景奇,徐景奇,
两人一起去学习。
金景奇学经济,
徐景奇学计算机。
学习道路也崎岖,
金景奇越学越起劲,
星期节假不休息。
徐景奇越学越心急,
家里油盐酱醋常惦记。

漆匠和锡匠(j、q、x)

七巷一个漆匠,
西巷一个锡匠。
七巷漆匠用了西巷锡匠的锡,
西巷锡匠拿了七巷漆匠的漆。
七巷漆匠气西巷锡匠用了漆,

西巷锡匠讥七巷漆匠拿了锡。

你学小芹还是小青(q、x)

小芹手脚灵,轻手擒蜻蜓。
小青人精明,天天学钢琴。
擒蜻蜓,趁天晴,
小芹晴天擒住大蜻蜓。
学钢琴,趁年轻,
小青精益求精练本领。
你学小芹还是小青?

＊青豆角儿(j、q、x)

青豆角儿两头儿尖,
尖尖豆角儿青又鲜。
鲜鲜豆角儿青青豆,
青鲜豆角儿大又满。

氢气球(q、x)

氢气球,气球轻,
轻轻气球轻擎起,
擎起气球心欢喜。

＊戏台演戏(x)

戏台演戏,
细看戏台西也演戏。
戏台演新戏喜新春,

戏台西演旧戏借新席。
看一眼戏台演新戏,
看一眼戏台西演旧戏。
看新戏听旧戏,
看旧戏听新戏,
你看稀奇不稀奇。

新针纫新线(x)

新针纫新线,
新线纫新针。
针纫线,线纫针,
新针新线心情新。

(六)舌尖后音 zh、ch、sh、r

常州和长春(zh、ch)

常州城中产竹床,
长春车厂出汽车。
常州竹床装汽车,
长春车厂装床忙。

大车拉小车(zh、ch、sh)

大车拉小车,
小车拉石头。
石头掉下来,
砸了脚趾头。

史老师讲时事(zh、ch、sh)

史老师讲时事,
常学时事长知识。
时事学习看报纸,
报纸登的是时事。
常看报纸要多思,
心里装着天下事。

朱叔锄竹笋(zh、ch、sh)

朱家一株竹,
竹笋初长出。
朱叔处处锄,
锄出笋来煮。
锄完不再出,
朱叔没笋煮,
竹株又干枯。

实践出真知(zh、sh)

认识从实践始,
实践出真知。
知道就是知道,
不知道就是不知道。
不要知道说不知道,
也不要不知道装知道。
老老实实,实事求是,
一定要做到不折不扣的真知道。

晒得心里好难受(zh、sh、r)

日头热,晒人肉,
晒得心里好难受。
晒人肉,好难受,
晒得头皮直发皱。

山羊上山(sh)

山羊上山,山碰山羊角。
水牛下水,水没水牛腰。

说日(r)

夏日无日日亦热,
冬日有日日亦寒。
春日日出天渐暖,
晒衣晒被晒褥单。
秋日日高复云淡,
遥看红日坠西山。

*软弱柔(r)

软弱柔软,软柔弱,
柔弱软柔,弱软柔。

*小阿妹想情郎(r)

小阿妹想情郎,
日也想,夜也想。

饭不吃,肉不想,
人见瘦,容颜黄。
一支山歌扔过墙,
柔润山歌诉情长。

＊ 买油又买肉(r)

老舅进城看老六,
老六高兴买油又买肉。
油揉肉,肉揉油,
揉油的肉滑嫩又爽口。
老舅吃一口,
老六吃一口。
上顿吃油揉肉,
下顿吃肉揉油。
连吃三天油揉肉,
俩人都说没吃够。

＊ 七月(r)

七月的北京天儿真热,
广州人到了北京,
说北京没有广州热。
北京的阳光也比广州弱,
但广州的树多花也多,
给夏天的广州染上一片绿色。
北京人说北京很热很热,
广州人说北京不热不热。

(七)舌尖前音 z、c、s

做早操(z、c)

早晨早早起,早起做早操,
人人做早操,做操身体好。

﹡乐生灾(z)

曾仔自在乐生灾,贼钻财柜索钱财。
曾仔醉卧总不醒,罪犯携赃走塞外。
警方纵横千百里,围追阻截擒贼来。

子词丝(z、c、s)

四十四个字和词,
组成一首子词丝的绕口词。
桃子李子梨子栗子橘子柿子槟子榛子,
栽满院子村子和寨子。
刀子斧子锯子凿子锤子刨子尺子,
做出桌子椅子箱子和柜子。
名词动词数词量词代词副词助词连词,
造成语词诗词和唱词。
蚕丝生丝熟丝缫丝染丝晒丝纺丝织丝,
自制粗丝细丝人造丝。

三哥三嫂子借我三斗三升酸枣子(z、s)

三哥三嫂子

借我三斗三升酸枣子。
秋天收了酸枣子,
再还三哥三嫂子三斗三升酸枣子。

比粗腿(c)

山前有个崔粗腿,
山后有个崔腿粗,
二人山前来比腿,
不知是崔粗腿比崔腿粗的腿粗,
还是崔腿粗比崔粗腿的腿粗。

四是四,十是十(s、sh)

四是四,十是十,
十四是十四,四十是四十。
十不能说成四,四不能说成十。
假使说错了,就可能要误事。

凿石狮子(s、sh)

四十四个石匠凿了四十四只石狮子,
四十四个石匠凿完四十四只石狮子,
已经到了四四年四月十四日。

山羊(s、zh、sh)

三十三只山羊上山去散步,
三十三只上山去散步的山羊,
下山只剩十三只。

数石狮子(sh)

公园有四排石狮子,
每排是十四只大石狮子。
每只大石狮子背上有一只小石狮子,
每只大石狮子脚下有四只小石狮子。
史老师领着四十四个学生数狮子,
你说他们共数出多少只大石狮子,
多少只小石狮子?

第二单元　韵母练习

在普通话音节里,声母后边的部分就是韵母。韵母是音节的重要组成部分。韵母主要由元音及鼻辅音 n、ng 充当。元音及鼻辅音 n、ng 发音时都颤动声带,发出的是和谐悦耳、可以延长、可以歌唱的乐音,所以韵母使字音响亮悦耳。韵母发得不好,会使整个字音发得不响亮、含糊不清。韵母由一至三个音素构成,其中任何一个音素发得不好,整个音节就可能发得不准确。例如"权(quán)力",开头的元音 ü 嘴唇拢圆一点,发出的音就是"权力",开头的元音 ü 发扁了,就可能发成"潜(qián)力"。又如"活(huó)水",如果发 o 音时口腔开得不够、唇也拢得不够圆,听起来就变成"河(hé)水"。如果韵母发得不对,就有可能改变字音的意义。例如,河北以及西北地区很多地方韵母 uen、ong 不分,常常把"乡村(cūn)"说成"香葱(cōng)",把"炖(dùn)豆腐"说成"冻(dòng)豆腐"。

普通话有 39 个韵母,其中单韵母 10 个、复韵母 13 个、鼻韵母 16 个。根据韵头的发音特点,可以分为开、齐、合、撮四类,即开口呼、齐齿呼、合口呼、撮口呼。

一、韵母的构成

韵母一般由韵头+韵腹+韵尾组成。

韵母中开口度最大的元音就是韵腹。做韵腹的元音是音节中的主要元音。

韵腹之前的元音称韵头。普通话中只有 i、u、ü 三个元音充当韵头。

出现在韵腹之后的元音或鼻辅音 n、ng,就是韵尾。普通话中只有 i、u(o)、n、ng 四个音素充当韵尾。

普通话韵母中,有的可能没有韵头,如 ai、ei、ao、ou、an、en 等;有的可能没有韵尾,如 ia、ie、ua、uo、üe。然而每个音节都有韵腹,可见韵腹发音特别重要。

二、韵母各部分的发音

(一)韵头的发音

韵头只是声母与韵腹之间的过渡,在发音实践中,声母与韵头拼合关系更紧密。所以吐字归音中,声母和韵头作为吐字的字头。另外,充当韵头的 i、u、ü 都是口腔开度最小的元音,所以声母与韵头拼合发的音短小、不响亮,然后口腔迅速打开,进入韵腹的发音。

娟(juān):jü(音短、闭口音)→a(韵腹)→n(韵尾)

虽然韵头发音很短,但韵头的唇形决定字头的唇形。如"娟(juān)"的韵头是 ü,发字头时,唇形必须拢圆;"坚(jiān)"的韵头是 i,发字头时,唇形必须扁。

（二）韵腹的发音

口腔要迅速打开，字音拉开立起，发音要饱满。

（三）韵尾的发音

韵尾短小，收音要干净、利落、到位。

三、韵母的分类

（一）单元音韵母

由一个元音构成的韵母。单元音韵母只有韵腹，无韵头、韵尾。能够做单元音韵母的共有10个元音：a、o、e、i、u、ü、ê、er、-i（前）、-i（后）。

（二）复元音韵母

由两至三个元音构成的韵母。

1. 二合复韵母

由两个元音构成的复韵母。

（1）前响复韵母：构成二合复韵母的两个元音，开口度大的元音（韵腹）在前边，开口度小的元音（韵尾）在后边，无韵头。开口度大的元音比开口度小的元音响亮，所以称为前响复韵母。前响复韵母共有4个：ai、ei、ao、ou。

（2）后响复韵母：构成二合复韵母的两个元音，开口度小的元音（韵头）在前边，开口度大的元音（韵腹）在后边，无韵尾。后响复韵母共有5个：ia、ie、ua、uo、üe。

2. 三合复韵母

由三个元音构成的复韵母。三合复韵母由韵头、韵腹、韵尾构成。中间的元音开口度最大、发音最响,所以三合复韵母也称中响复韵母。中响复韵母共有 4 个:iao、iou、uai、uei。

拼写韵母 iou、uei 时,可以省略韵腹 o、e,写成 iu、ui,但发音时不能省略,并且要拉开立起,发得饱满、响亮。

(三) 鼻韵母

鼻韵母是元音后边带鼻音韵尾 n、ng 的韵母。

1. 前鼻音韵母

元音后边带一个鼻音韵尾 n 的鼻韵母。这种韵母有以下 8 个。

(1) 韵腹＋鼻音韵尾 n:an、en、in、ün。

(2) 韵头＋韵腹＋鼻音韵尾 n:ian、uan、uen、üan。

拼写韵母 uen 时,可以省略韵腹 e,写成 un,但发音时不能省略。因为 e 是韵腹,所以发 e 音时要拉开立起,发得饱满、响亮。

2. 后鼻音韵母

元音后边带一个鼻音韵尾 ng 的鼻韵母。这种韵母有以下 8 个。

(1) 韵腹＋鼻韵尾 ng:ang、eng、ing、ong。

(2) 韵头＋韵腹＋鼻韵尾 ng:iang、uang、ueng、iong。

四、韵母的发音要领与练习

(一)单元音韵母

单元音韵母是由单元音构成的韵母。10个单元音中,舌面元音7个:a、o、e、i、u、ü、ê,卷舌韵母1个:er,舌尖元音2个:-i(前)、-i(后)。

练习单元音韵母,应从三个方面掌握其发音要领(见图2-1):

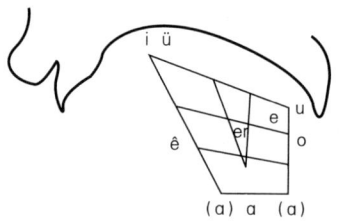

图2-1 单元音韵母发音舌位图

(1)舌位的前后高低

舌位就是发元音时舌面隆起的位置。发不同的单元音韵母时,舌面隆起的位置有前后高低的不同。

①舌位前后:发单元音韵母时,舌面隆起的部分在舌头的前部、中部或者后部。舌位偏前的有i、ü、ê、-i(前),舌位居中的有a(另有前位和后位的a音)、er,舌位偏后的有u、o、e、-i(后)。

②舌位高低:发单元音韵母时,舌面隆起的部分与上颚之间的距离大小,直接影响舌位的高低。舌面隆起的部位与

上颚之间的距离越大,舌位就越低;舌面隆起的部位与上颚之间的距离越小,舌位就越高。舌位高的有 i、u、ü、-i(前)、-i(后),舌位半高的有 e、o,舌位居中的是 er,舌位半低的是 ê,舌位低的是 a。

(2)口腔的开闭

发单元音韵母时,口腔开闭程度大体分为五种情况:开、半开、中(半开半闭)、半闭、闭。

口腔开度与舌位高低呈相反关系:口腔开度越大,舌面隆起的部位与上颚之间的距离越大,舌位就越低;口腔开度越小,舌面隆起的部位与上颚之间的距离越小,舌位就越高。例如:发 a 音时口腔开,舌位低;发 ê 音时,口腔半开,舌位半低;发 er 音时,口腔半开半闭,舌位居中;发 o、e 音时,口腔半闭,舌位半高;发 i、ü、u 音时,口腔闭,舌位高。

(3)唇形的圆展

唇形的圆展是指发单元音韵母时唇形是圆的或展开的。有些单元音韵母发音时,口腔开度与舌位前后高低等都一样,例如 i 与 ü,e 与 o,但由于唇形圆展情况不同,就发出了完全不同的两个元音韵母。i 与 ü 都是舌前高闭口音,圆唇发出的是 ü,展唇发出的就是 i。e 与 o 都是舌后半高半闭的元音,圆唇发出的是 o,展唇发出的就是 e。

单元音韵母需发圆唇音的有 u、ü、o,需发展唇音的有 i、e、ê、a、er、-i(前)、-i(后)。

发单元音韵母时,还需要挺起软腭,小舌随之上升,关闭鼻腔通道,让声音主要从口腔发出,加强口腔共鸣。发单元音韵母时,声带颤动。

汉语普通话中,每个单元音韵母的发音要领见表 2-1。

表 2-1 单元音韵母发音要领表

	舌面元音					舌尖元音		卷舌元音
	前		央		后	前	后	
	展唇	圆唇	中常	展唇	圆唇			
高(闭)	i	ü			u	-i(前)	-i(后)	
半高(半闭)				e	o			
中位			(e)					er
半低(半开)	ê							
低(开)				a				

1. 舌面单元音韵母 a、o、e、i、u、ü

＊看爸爸(a)

娃娃插花穿花褂,
手拿仨瓜仨虾仨蛤蟆。
八月爬山看爸爸。
巴铺山高巴路滑,
雨大风大树枝扎。
瓜哭虾跳蛤蟆叫,
累死蛤蟆累瘪瓜。
爸爸翻山修公路,
路通山富家发达。
娃捧仨虾见爸爸,
礼轻情重爸爸夸。

捞虾(a)

小河流水哗啦啦,

拿着篾篓捞河虾。
半篓泥半篓沙,
就是没见小河虾。

＊ 小三子啊(a)

白石塔白石搭,
白石塔旁是我家。
家有爸,家有妈,
还有我们小哥儿仨。
大哥叫福大,
二哥叫连发,
我的名儿叫小三子啊。

八个小孩儿拔萝卜(a)

初八十八二十八,
八个小孩儿拔萝卜。
你也拔,我也拔,
看谁拔得多,
看谁拔得大。
你拔得不多个儿不小,
我拔得不少个儿不大。
一个萝卜一个坑儿,
算算多少用车拉。
一个加俩,俩加仨,
七十二个加十八。
拿个算盘打一打,

一百差俩九十八。

*打粑粑(a)

初八十八二十八,
八个娃娃打粑粑。
八个粑粑送爸爸,
八个粑粑给妈妈。
只留八个小粑粑,
分给八个小娃娃。

胖娃和蛤蟆(a)

一个胖娃娃捉了三个大花活蛤蟆,
三个胖娃娃捉了一个大花活蛤蟆。
捉了一个大花活蛤蟆的三个胖娃娃,
真不如捉了三个大花活蛤蟆的一个胖娃娃。

冬瓜和西瓜(a)

东门住着东公东妈种冬瓜,
西门住着西公西妈种西瓜。
不知是东门住的东公东妈种的冬瓜大,
还是西门住的西公西妈种的西瓜大。

瓦打马(a)

瓦打马,马踏瓦。
瓦打坏马,马踏坏瓦。

张大妈夏大妈(a)

张大妈,夏大妈,
你看咱社的好庄稼。
高的是玉米,
低的是芝麻,
开黄花儿、紫花儿的是棉花,
圆溜溜的是西瓜,
谷穗长得像镰把儿,
勾着想把地压塌。
张大妈,夏大妈,
边看边乐笑哈哈。

伊犁马(a)

门前有八匹大伊犁马,
你爱拉哪匹马就拉哪匹马。

麻妈妈问妈妈(a)

麻妈妈问妈妈,
妈妈老问麻妈妈。

赔钵钵(o)

你婆婆借给我婆婆一个钵钵,
我婆婆打烂了你婆婆借给我婆婆的钵钵。
我婆婆买了一个新钵钵还给你婆婆,
你婆婆说什么也不要我婆婆赔给你婆婆的钵钵,
我婆婆硬要把买来的新钵钵还给你婆婆。

*老婆婆(o)

王大伯家老婆婆,
今年年末八十多。
背不驼,脚不跛,
为晒太阳爬坡坡。
爱吃菠萝、菠菜、胡萝卜,
白天馍馍蘸芥末,
晚上芥末夹饽饽。
东摸摸,西摸摸,
家务活儿没少做。
捧着笸箩簸一簸,
簸出茶叶剩下末儿。

老婆婆托笸箩(o、uo)

打南坡走过来个老婆婆,
两手托着俩笸箩。
左手托着的笸箩装的是菠萝,
右手托着的笸箩装的是萝卜。
你说说是老婆婆左手托着的笸箩装的菠萝多,
还是老婆婆右手托着的笸箩装的萝卜多?
说的对送给你一笸箩菠萝,
说的不对既不给菠萝也不给萝卜,
罚你替老婆婆把装菠萝的笸箩和装萝卜的笸箩送到大北坡。

民兵排民兵多（o、uo）

民兵排民兵多，
男民兵不比女民兵少，
女民兵也不比男民兵多。
男民兵百米跑步奔南坡，
女民兵跑步百米奔北坡。
男民兵练发炮，
女民兵练爆破。
男民兵说女民兵爆破是能手，
女民兵夸男民兵炮炮命中，
发炮本领真不错。

一个红薯滚下坡（o、e、uo）

村里有条清水河，
河岸是个小山坡。
社员坡上挖红薯，
闹闹嚷嚷笑呵呵。
忽听河里一声响，
河水溅起一丈多。
吓得我忙大声喊：
"谁不小心掉下河？"
大家一听笑呵呵，
一个姑娘回答我：
"不是有人掉下河，
是个红薯滚下坡。"

*各车归各辙(e)

各车合各辙,
各辙合各车。
车合辙,辙合车,
各车各辙各归各。

鹅和河(e)

坡上立着一只鹅,
坡下就是一条河。
宽宽的河,
肥肥的鹅。
鹅要过河,
河要渡鹅。
不知是鹅过河,
还是河渡鹅。

*鹅和蛇(e)

天热鹅渴鹅奔河,
鹅喝河水引来蛇。
蛇饿、鹅渴,蛇扑鹅,
鹅飞、蛇赶,蛇吞鹅。

大哥和二哥(e、uo)

大哥有大锅,
二哥有小锅。

大哥要换二哥的小锅，
二哥不换大哥的大锅。

黄贺和王克(e)

一班有个黄贺，
二班有个王克，
黄贺王克二人搞创作。
黄贺搞木刻，
王克写诗歌。
黄贺帮助王克写诗歌，
王克帮助黄贺搞木刻。
由于二人搞协作，
黄贺完成了木刻，
王克写好了诗歌。

王七上街去买席(i)

清早起来雨淅淅，
王七上街去买席。
骑着毛驴跑得急，
捎带卖蛋又贩梨。
一跑跑到小桥西，
毛驴一下跌了蹄。
打了蛋、撒了梨、跑了驴，
急得王七眼泪滴，
又哭鸡蛋又骂驴。

七棵树上结七样儿(i)

闲来没事儿出城西,
林木茂密长不齐。
一个一,
一二三,三二一,
一二三四五六七,
七六五四三二一。
七个阿姨来摘果儿,
七个花篮儿手中提,
七棵树上结七样儿,
苹果、桃儿、石榴、柿子、李子、栗子、梨。

拖拉机(i)

一台拖拉机,
拉着一张犁。
拖拉机拉犁犁犁地,
犁地犁得深又细。
拖拉机拉了犁,
犁犁了地。
你说是犁犁的地,
还是拖拉机犁的地?

＊天气预报(i)

明天天气,
大雨急,小雨滴,

西风一级转七级，
晚上七级转一级，
风急、雨急，人别急。

*交梨(i)

小孩儿徐唯起，
捡到一筐梨，
梨是公家的梨。
唯起不迟疑，
顺着防洪堤，
跑出六七里，
把梨交书记。

太阳太阳我问你(i)

太阳太阳我问你，
敢不敢来比一比。
我们出工老半天，
你睡大觉迟迟起。
我们摸黑儿才回来，
你早收工进地里。
太阳太阳我问你，
敢不敢来比一比。

*开车戒"三急"(i)

小李开奥迪。
开车有"三急"：

车多路挤小李急,
一急就生气,
一气就崴泥。
二和别人比,
一比就起急,
一急就赌气。
三怕心有事,
有事就惦记,
遇事火气大,
常拿油门撒脾气。
权衡利和弊,
开车戒"三急",
调整好心气,
安全是第一。

写福字(u)

房胡子,黄胡子,
新年到了写福字。
房胡子福字写得好,
黄胡子倒写一个大福字。

山上五棵树(u)

山上五棵树,
架上五壶醋,
林中五只鹿,
箱里五条裤。

伐了山上的树,
搬下架上的醋,
射死林中的鹿,
取出箱中的裤。

镇江醋(u)

镇江路,镇江醋,
镇江名醋出此处,
此处卖醋镇江醋。
老崔买醋太疏忽,
仓仓促促买错醋,
买了次醋味儿不足。

鼓上画只虎(u)

鼓上画只虎,
破了拿布补。
不知布补鼓,
还是布补虎。

一匹布一壶醋(u)

肩背一匹布,
手提一壶醋,
走了一里路,
看见一只兔。
卸下布,放下醋,去捉兔。
跑了兔,洒了醋,丢了布。

小黑虎数猪(u)

爷爷领着孙子小黑虎,
到猪圈里数黑猪。
黑猪圈在圈,
圈圈有黑猪。
小黑虎不马虎,
挨着个儿把黑猪数。
黑猪围着小黑虎,
转来转去乱呼呼。
黑虎数了半天小黑猪,
不知哪些黑猪挨过黑虎数,
也不知黑虎数过哪些小黑猪。
逗得爷爷抿嘴儿笑,
急得黑虎直要哭。
爷爷说:
"小黑虎,你别哭,
这是十五只小黑猪。"

苏胡子和胡胡子(u)

苏州有个苏胡子,
湖州有个胡胡子,
苏州的苏胡子家里有个梳胡子的梳子,
湖州的胡胡子家里有个梳子梳胡子。

敲鼓震了虎(u)

洞口挂个鼓,
鼓上画只虎。
敲鼓震了虎,
虎吼吓破鼓。

服务部(u)

早晚服务部,
服务员好态度,
学习刻苦有觉悟,
严肃认真不马虎。
货架上的货物真丰富,
有烟酒,有油醋,
有鞋袜,有衣裤,
有纸笔,有图书。
还有那各式各样的小棉布,
青布、蓝布、大白布,
条绒、平绒、丝绒布。
还有那红红绿绿的大花布,
苏绸、蜀缎、卡其布,
人造棉、的确良,
线绨被面、床单儿布。
要问货物有多少种,
有人顺路数了数,
左数右数不清楚,

众口齐夸服务部。

好干部(u)

一二三四五,
下田扛把锄。
五把锄头一样亮,
五双泥腿一样粗。
重活儿累活儿抢在先,
朝气蓬勃迈大步。
带领社员搞生产,
个个都是好干部。
你看看,
书记、队长、会计、保管、团支书,
一二三四五。

布和醋(u)

有个小孩叫小杜,
上街打醋又买布。
买了布,打了醋,
回头看见鹰抓兔。
放下布,搁下醋,
上前去追鹰和兔。
飞了鹰,跑了兔,
洒了醋,湿了布,
气得小杜路边哭。

顾老五(u)

有个老头儿本姓顾,
人们叫他顾老五。
顾老五上街买布带打醋,
回来碰见鹰叼兔。
兔子撞到了顾老五,
碰掉了他的布,
打翻了他的醋,
气坏了老头儿顾老五。

＊山中雾(u)

山中雾,不见路,
兔吓哭,鹿迷路。
虎扑狐狸撞大树,
狐狸躲虎掉山谷。

破布补烂鼓(u)

屋里一个破烂鼓,
扯点破布就来补。
也不知是破布补破鼓,
还是破鼓补破布。
只见布补鼓,鼓补布,
鼓补布,布补鼓,
补来补去,
布不成布,

鼓不成鼓。

李小杜追兔(u)

离村五里路,
有个李小杜。
上街去卖谷,
换回布和醋。
肩背布,手提醋。
刚走一里路,
看见一只兔。
小杜放下布和醋,
卷起裤腿儿去追兔。
跑了兔,放下裤,
回来不见布和醋。

画老虎(u)

纸上画老虎,
又画一只兔。
老虎想吃兔,
兔子怕老虎。
老虎追小兔,
可怜兔子弱,
兔子下虎肚。

*吃苦(u)

夏天吃点儿苦,
健康有好处,
大家都清楚。
苦瓜、苦菜、苦茶、苦粥,
吃点儿苦,喝点儿苦,
嘴苦身体却舒服。

西湖与泥壶(u)

杭州有个西湖,
宜兴出产泥壶。
西湖店铺卖泥壶,
泥壶上面画西湖。
是游了西湖买泥壶,
还是买了泥壶游西湖。

补布裤(u)

一块土粗布,
做条粗布裤,
哥哥屋里补布裤。
粗布裤上补粗布,
土粗布补粗布裤。
哥哥穿上粗布裤,
艰苦朴素牢记住。

村里新开一条渠(ü)

村里新开一条渠,
弯弯曲曲上山去。
河水雨水渠里流,
满山庄稼一片绿。

* 李玉举(ü)

郊区李玉举,
家居拥军渠,
娶女徐如玉,
生活如意又宽裕。
玉渊草场放群驴,
玉渊河里忙捕鱼,
远近约村民,
逢年过节演大戏。
玉举唱京剧,
如玉唱昆曲,
演出遇大雨,
躲进屋里改豫剧。

* 买驴(ü)

言午许、干勾于
二人骑驴去买驴。
骑小驴卖老驴,
卖了老驴买小驴。

人心齐泰山移(ü、i)

这地区年年都缺雨，
农业生产上不去，
坐等老天来送雨，
还是建库修渠赶上去？
人心齐泰山移，
立下愚公移山志，
男女老少齐努力。
建了争气的大水库，
挖了争气的大水渠，
支渠接干渠，
毛渠接斗渠，
清水哗哗到田里。
管你下雨不下雨，
要与老天争高低。

女小吕(ü、i)

这天天下雨，
体育运动委员会穿绿雨衣的女小吕，
去找穿绿运动衣的女老李。
穿绿雨衣的女小吕，
没找到穿绿运动衣的女老李。
穿绿运动衣的女老李，
也没见着穿绿雨衣的女小吕。

2. 舌尖单元音韵母-i(前)、-i(后)

司机买鸡[-i(前)]

司机买雌鸡,
仔细看雌鸡。
四只小雌鸡,
叽叽好欢喜,
司机笑嘻嘻。

* 自己写字写四次[-i(前)]

自己写字,
字字写四次。
"紫"字写四次,
"慈"字写四次。
"思"字写四次,
"次"字写四次。
字字少一点儿,
撕了这些字,
字字重新写四次。

大嫂子和大小子[-i(前)]

一个大嫂子,一个大小子,
大嫂子跟大小子比包饺子。
看是大嫂子包的饺子好,
还是大小子包的饺子好。

再看大嫂子包的饺子小,
还是大小子包的饺子小。
大嫂子包的饺子又小又好又不少,
大小子包的饺子不小还少又不好。

＊石狮市没石狮[-i(后)]

经三省过五市,
狮子跑到华清池。
栀子花香桂树直,
贵妃沐浴石岸湿。
历史风云卷书志,
中华大地写新诗。
池水清清映红日,
枝头石榴笑红柿。
石狮回首望东南,
思乡泪下发毛湿。

＊转转树抽新枝[-i(后)]

转转树抽新枝,
长了一枝又一枝,
只有一枝是直枝。
直枝是直枝,
枝直花开迟。
花开迟是迟,
待到融融日,
日日花满枝。

3. 卷舌单元音韵母 er

* **要说"尔"专说"尔"**(er)

要说"尔"专说"尔",
马尔代夫,喀布尔,
尼泊尔,尼日尔,
扎伊尔,卡塔尔,
齐齐哈尔,安道尔,
萨尔瓦多,班珠尔,
利伯维尔,塞舌尔,
厄瓜多尔,贾洛尔,
圣彼埃尔,拉合尔,
塞内加尔的达喀尔,
瑞士的巴塞尔,
印度的坎普尔,
瓜廖尔,斋普尔,
摩苏尔,阿苏尔,阿塔尔,
萨尔,博尔,阿尔及尔,
瓦朗加尔,内洛尔,
那格浦尔,拉杜尔,
班加罗尔,迈索尔,
世界著名的帕米尔。

(二)复合元音韵母

复合元音韵母也叫复韵母,是由两至三个元音结合而成的。发单元音韵母时,由舌位、口腔开度、唇形构成的口腔共鸣腔,自始至终没有变化。发复韵母时则不同,由舌位、口腔开度、唇形构成的口腔共鸣腔的形状、大小在连续变化。所以发复韵母,要在掌握单元音韵母发音要领的基础上,注意构成复韵母的各个元音的舌位、口腔开度、唇形的自然变化。

发复韵母时,要注意口腔开合、舌位高低前后、声音长短、响亮程度的变化规律。

发复韵母时,应挺起软腭,关闭鼻腔通道,打开口腔通道,加强口腔共鸣。发复韵母时,声带颤动。

1. 二合复韵母

二合复韵母是由两个元音构成的复韵母。二合复韵母分为两类:前响复韵母和后响复韵母。

(1)前响复韵母 ai、ei、ao、ou

结构是韵腹+韵尾,无韵头。开口度大、发音响亮的主要元音在前边,闭口的、发音短小的元音在后边。发音过程中,口腔由开到闭,韵尾归音趋向鲜明、到位。

* **白菜**(ai)

买白菜,搬白菜,
码白菜,掰白菜,
拌白菜,摆白菜,
抱着白菜找白菜。

* **韵联**(ai)

白拍埋来一排排,

改台再赛台台败。
奶奶栽花一代代,
摘塞拆筛耐不该。
宅窄晒菜才摆开,
太奶戴钗拜派带,
赖卖呆孩债盖海。

大地由我巧安排(ai)

小小秧苗带土栽,
大地由我巧安排。
祖国处处丰产田,
块块连着中南海。

抒情怀(ai)

千条新路如彩带,
万条新渠绕山崖。
大灵山下灵水边,
机声隆隆抒情怀。
劳动人民幸福来,
全靠党的好安排。

筛鞋歌(ai)

米筛筛,米筛筛,
米筛筛米上高台。
人家筛米就得米,
我家筛米就得鞋。

注：在我国中南、西南一带方言和一些少数民族语言中，把"鞋"读作"hái"音。这首壮族婚礼上的《筛鞋歌》正是利用"鞋"与"孩"的谐音，表达对新人"早生贵子"的祝福。

求自在不自在(ai)

求自在不自在，
知自在自然自在。
悟如来想如来，
非如来如是如来。

*白猫变黑猫(ei)

白猫觉得黑猫美，
一头扎进黑煤堆。
黑煤飞灰猫毛黑，
脸黑背黑腿黑尾巴黑，
耳朵胡子爪子都变黑。

冬天雪花是宝贝(ei)

北风吹，雪花飞，
冬天雪花是宝贝。
去给麦苗盖上被，
明年麦子多几倍。

*"了"字歌(ei)

白了，黑了，
赔了，悔了，

肥了,鬼了。
累了,醉了,
喝了,睡了。
给了,退了,
不给,对了。

巡逻之歌(ei)

歌逐晨雾飞,
蹄下露珠碎。
北疆铁骑去巡逻,
满身披朝辉。
心潮起伏似海涌,
战斗激情如江水。
凝视茫茫大草原,
胸怀世界为人类。
急雨洗军衣,
惊雷壮军威。
春夏秋冬如一日,
昼夜勤巡回。
长征火种播心田,
中南海灯光照边陲。
阳光雨露育新蕾,
锤炼红色新一辈。
金光洒满道,
锦绣铺塞北。
胜利凯歌一曲曲,

声声诱人醉。
矫健战马急鞭催,
钢铁长城筑心内。

老老道和小老道(ao、iao)

高高山上有座庙,
庙里住着俩老道,
一个年纪老,
一个年纪小,
庙前长着许多草。
有时候老老道熬药,
小老道采药;
有时候小老道熬药,
老老道采药。

骑竹马打土豪(ao)

三岁的伢儿长得高,
骑着竹马挎腰刀。
去哪里?去山里。
做什么?打土豪。

猫吃桃(ao、iao)

河边有座窑,
窑上有个槽,
槽里放件袍,
袍里包个桃。

对岸有只猫,

想吃窑上槽里袍包桃。

可惜岸上没有桥,

过不了河,

上不了窑,

够不着槽,

咬不住袍,

吃不了桃。

扔草帽(ao)

隔着墙头扔草帽,

不知草帽套老头儿,

还是老头儿套草帽。

背着我的案板卖切糕(ao)

我的那个儿,

我的那个宝儿,

三年不见长这么高。

骑上我的马,

扛上我的刀,

背着我的案板卖切糕。

*镐告篙(ao)

篙长镐短,镐告篙,

告篙篙长欺镐短,

拷打长篙,篙号嗥。
长篙不服篙告镐,
篙长、镐短,能由篙?

猫闹鸟(ao、iao)

东边庙里有个猫,
西边树梢有只鸟。
不知猫闹树梢鸟,
还是鸟闹庙里猫?

找厂长(ao)

东也找,西也找,
找来找去找不到。
办公室里有衣又有帽,
桌上还有小挎包,
可是咱厂长,不知哪去了?
东也找,西也找,
找来找去找到了。
试验田里大炉旁,
有个徒弟在挑料,
只听师傅说:
"厂长学会了!"

小槐树结樱桃(ao、iao)

小槐树结樱桃,
杨柳树上结辣椒。

吹着鼓,打着号,
抬着大车扛着轿。
苍蝇踏死驴,
蚂蚁踩塌桥。
葫芦沉了底,
石头水上漂。
小鸡叼个饿老雕,
老鼠拉个大狸猫。
你说好笑不好笑。

倒吊鸟(ao、iao)

梁上吊鸟鸟倒吊,
倒吊鸟吊梁上鸟。
梁上倒吊倒吊鸟,
倒吊梁上鸟倒吊。
可怜梁上吊倒吊鸟,
倒吊鸟可怜梁上吊。

*姥姥找药草(ao、iao)

姥姥赶早,绕到庙后找药草。
庙高人老,日照风号,
猫着老腰,迈着小脚儿,
盘山道上摇啊摇。
恼也不恼,蒿草多药草少。
巧也不巧,药草丛中一鸟巢。
小鸟叫,老鸟瞧,

瞧见姥姥,逃!逃!逃!

吃牛奶喝面包(ao、ou)

吃牛奶,喝面包,
背着火车上皮包。
东西街,南北走,
出门看见人咬狗。
拿起狗来打石头,
石头反咬狗一口。

忽听门外人咬狗(ou)

忽听门外人咬狗,
拿起门来开开手。
拾起狗来打砖头,
又怕砖头咬了手。
从来不说颠倒话,
口袋驮着骡子走。

* 大斗小斗(ou)

大斗小斗,
俩斗量豆。
斗大掉豆,
豆大压斗。

彩楼锦绣(ou)

咱队有六十六条沟,

沟沟都是大丰收。
东山果园像彩楼,
西山棉田似锦绣,
北山有条红旗渠,
滚滚青泉绕山走。
过去瞧见这六十六条秃石沟,
心里就难受,
如今这六十六条彩楼锦绣万宝沟,
瞧也瞧不够。

黄狗咬我手(ou)

清早上街走,
走到周家大门口。
门里跳出大黄狗,
朝我汪汪大声吼。
我捡起石头打黄狗,
黄狗跳起来咬我手。
不知石头打没打着周家的狗,
也不知周家的狗咬没咬着我手指头。

*遛狗(ou)

老周老侯老朋友,
两个朋友都养狗,
晚上遛弯儿又遛狗。
狗见狗就凑,
狗凑狗就斗,

狗斗狗就吼,
狗吼狗急狗咬狗。

* 暗发愁(ou)

六楼娄六的漏楼上,
露着六个绿油篓。
柳条编篓,篓漏油,
六楼娄六搂着油篓暗发愁。
篓漏油,油漏楼,
漏楼漏油油六楼。

猴牵狗(ou)

一只猴牵一只狗,
坐在油篓边上喝烧酒。
猴喝酒还就着藕,
狗啃完骨头啃油篓。

豆和油(ou)

东邻有囤豆,
西邻有篓油。
我家有只鸡,
又有一条狗。
鸡啄了豆囤,
豆囤漏了豆。
狗啃了油篓,
油篓漏了油。

鸡不啄豆囤，
豆囤不漏豆。
狗不啃油篓，
油篓不漏油。

爷爷打狗(ou)

爷爷今年六十六，
推着车子去卖肉。
半路碰见一条狗，
狗追车子想吃肉。
爷爷拿棍去打狗，
吓得饿狗扭头走。

虎撵猴(ou)

山上有只虎，
山下有只猴。
虎撵猴，
猴撵虎。
虎撵不上猴，
猴斗不了虎。

老鼠偷豆又偷油(ou)

鼠咬豆囤囤漏豆，
鼠啃油篓篓漏油。
豆囤漏豆鼠吃豆，
油篓漏油鼠偷油。

借绿豆(ou)

出南门,走六步,
碰见六叔和六舅。
叫声六叔和六舅,
借我六斗六升好绿豆。
收了秋,打了豆,
再还六叔六舅六斗六升好绿豆。

护豆豆(ou)

小妞妞,围兜兜,
坐在地边看豆豆。
地边来了一头牛,
妞妞怕牛踩了豆,
翻过小土丘,
跳过小河沟,
忙把牛绳拉在手。
小牛羞得哞哞叫,
大伙儿都夸小妞妞。

(2)后响复韵母 ia、ie、ua、uo、üe

主要元音在后边,由韵头+韵腹构成,没有韵尾。发音过程中,口腔由闭到开。韵头发音很短,但韵头的唇形决定了字头的唇形;字腹迅速拉开、立起,发饱满;因为没有韵尾,字腹归音要干净,避免韵腹发音尚未结束就改变唇形、舌位和口腔开度。

*贾家养虾(ia)

贾家有女初出嫁,
嫁到夏家学养虾。
喂养的对虾个头儿大,
卖到市场直加价。
贾家爹爹会养鸭,
鸭子虽肥伤庄稼。
邻里吵架不融洽,
贾家也学养对虾。
小虾卡住了鸭子牙,
大鸭咬住了虾的夹。
夏家公公劝,
贾家爹爹压。
大鸭不怕吓,
小虾装得嗲,
夏家贾家没办法。

分不清是鸭还是霞(ia)

天空飘着一片霞,
水上游来一群鸭。
霞是五彩霞,
鸭是麻花鸭。
麻花鸭游进五彩霞,
五彩霞网住麻花鸭。
乐坏了鸭,拍碎了霞,

分不清是鸭还是霞。

*考试答辩在今夜(ie)

聂小洁到西斜街，
刚上台阶鞋口儿裂。
左一撇，右一撇，
蹑手蹑脚去借鞋。
培训班要结业，
考试答辩在今夜。
借了鞋，过了街，
赶到考场把题解。
解、解、解，
写、写、写，
考试通过就结业。

鞋子和茄子(ie)

爷爷买双鞋子，
奶奶买斤茄子。
爷爷爱吃奶奶烧的茄子，
奶奶爱穿爷爷买的鞋子，
爷爷奶奶吃完茄子试鞋子。

*看爷爷(ie)

大姐接二姐，
相约去看爹。
过东街到西街，

西斜街对着东斜街。
爹见自己俩女儿
想念自己的爹。
左手提篾篓,
装着虾和蟹,
右手拿着给爹买的鞋,
叫上大姐和二姐,
养老院里看爷爷。

打铁(ie)

日打铁,夜打铁,
日夜打铁不停歇。
农业生产赶季节,
打出农具支农业。

碟子和茄子(ie)

南边来个老爷子,
手里拿碟子,
碟子里装茄子。
脚下木橛子,
绊倒了老爷子。
打了碟子,
掉了茄子,
摔坏了老爷子。

瘸子和茄子(ie)

打南边来了个瘸子,
手里端着碟子,
碟子里放着茄子。
地下橛子绊倒了瘸子,
摔了碟子,撒了茄子,
最心疼瘸子。

*茄子(ie)

小姐姐找大姐姐借鞋子,
穿了鞋子上街买茄子。
大姐姐谢小姐姐买茄子,
小姐姐谢大姐姐借鞋子。
小姐姐买茄子大姐姐做,
一刀一刀斜着切。

画荷花(ua)

华华爱画画儿,
画朵大荷花。
荷花画得大,
像朵大活花。

花青蛙和花西瓜(ua)

一只花皮花背花蛤蟆,
遇见花背花皮大西瓜。
蛤蟆说西瓜的外皮没有蛤蟆的花背花,

西瓜说蛤蟆的花背没有西瓜的外皮滑。

墙头儿有个老南瓜(ua、a)

墙头儿上有个老南瓜,
掉下来砸着胖娃娃。
娃娃叫妈妈,
妈妈抱娃娃,
娃娃骂南瓜。

小华和胖娃(ua)

小华和胖娃,
俩人种花又种瓜。
小华会种花不会种瓜,
胖娃会种瓜不会种花。
小华教胖娃种花,
胖娃教小华种瓜。

金钱花(uo)

金钱花,十八朵,
大姨妈,来接我。
猪抱柴,狗烧火,
猫儿煮饭笑死我。

颠倒歌(uo)

太阳从西往东落,
听我唱个颠倒歌。

天上打雷没有响,
地下石头滚上坡。
江里骆驼会下蛋,
山里鲤鱼搭成窝。
腊月酷热直流汗,
六月暴冷打哆嗦。
姐在房中头梳手,
门外口袋把驴驮。

*麻纺的麻绳挂蝈蝈(uo)

蹬着方凳上圆桌,
圆桌下面放方桌。
房梁上麻绳麻线纺,
麻纺的麻绳挂蝈蝈。

狼打柴,狗烧火(uo)

狼打柴,狗烧火,
猫儿上炕捏窝窝,
雀儿飞来蒸饽饽。
蒸一锅吃一锅,
一边做一边说。

*小薛小雪,雪中上学(üe)

新学期开学,
小薛小雪上小学。
小薛小雪出门遇下雪,

先小雪后大雪。
横瞧雪斜瞧雪,
雪花儿、雪片儿、雪压雪。
小薛笑小雪,
一步一滑一叫"姐!"
小雪学小薛,
小心迈小步,
勿惊雪中雀。

真绝(üe)

真绝,真叫绝,
皓月当空下大雪。
麻雀游泳鱼飞跃,
鸠占鹊巢鹊喜悦。

谢老爹和薛大爷(üe、ie)

谢老爹在街上扫雪,
薛大爷在屋里打铁。
薛大爷见谢老爹在街上扫雪,
就放下手里打着的铁,
到街上帮谢老爹扫雪。
谢老爹扫完街上的雪,
进屋去帮薛大爷打铁。
二人同扫雪,二人同打铁。

2. 三合复韵母(中响复韵母)iao、iou、uai、uei

三合复韵母是由三个元音构成的复韵母。三合复韵母中,开口度最大的主要元音在中间,所以也称中响复韵母。中响复韵母由韵头＋韵腹＋韵尾组成。发音过程中,口腔由闭到开再到闭。韵头发音很短,但韵头的唇形决定了字头的唇形;韵腹拉开、立起,发饱满;韵尾要注意归音到位、干净利索。

小娇娇吃饺饺(iao)

小巧巧想娇娇,
请来娇娇吃饺饺。
小娇娇吃饺饺,
娇娇老挑小饺饺。

瓢(iao)

盆里有个瓢,
风吹瓢飘摇。
不知是风吹瓢飘摇,
还是水摇瓢飘摇。

＊猫尿庙(iao)

村后有座庙,
天天猫来尿。
猫尿庙,庙恼尿庙猫。

＊鸟看表(iao)

水上漂着一只表,
表上落着一只鸟。

鸟看表,表瞪鸟。
鸟不认识表,
表也不认识鸟。

山羊上山(iao)

山羊上山,山碰山羊角。
水牛下水,水没水牛腰。
猪进猪圈,猪拱大猪槽。
毛驴驮草,草压毛驴腰。

慢表(iao)

表慢,慢表,
慢表慢半秒。
慢半秒,拨半秒,
拨过半秒快半秒。
快半秒,拨半秒,
拨回半秒慢半秒。
拨来拨去是慢表,
慢表表慢慢半秒。

勺舀油(iou)

铜勺舀热油,
铁勺舀凉油。
铜勺舀了热油舀凉油,
铁勺舀了凉油舀热油。

九个酒迷喝醉酒(iou)

九月九,
九个酒迷喝醉酒。
九个酒杯九杯酒,
九个酒迷喝九口。
喝罢九口酒,
又倒九杯酒。
九个酒迷端起酒,
"咕咚""咕咚"又九口。
九杯酒,酒九口,
喝罢九杯酒迷醉了酒。

妞妞爱柳(iou)

绿绿河水绿绿柳,
妞妞春游柳下走。
揪住柳条要折柳,
柳条摆手忙开口:
"小妞妞,不要揪,
柳条揪秃多么丑!"
妞妞听了松开手,
要和柳树做朋友。

＊刘家和牛家(iou)

小河悠悠向东流,
一边流,一边扭,

七拐八折到柳州。
柳州刘家养头牛,
刘家牛拴牛家柳,
牛家柳拴刘家牛。
刘家牛伤牛家柳,
牛家柳撞刘家牛。
刘家牛家俩朋友,
别为两家牛和柳,
伤了和气伤朋友。

牛驮油(iou)

九十九头牛,
驮九十九个篓,
一篓九十九斤油。
牛驮油篓扭着走,
油篓磨坏篓漏油。
一路走一路流,
走了一宿流一宿。

一葫芦酒九两六(iou)

一葫芦酒九两六,
一葫芦油六两九。
六两九的油要换九两六的酒,
九两六的酒不换六两九的油。

打油(iou)

刘六骑牛去打油,
遇到朋友踢皮球。
皮球飞来吓着牛,
摔了刘六撒了油。

妞赶牛(iou)

东头有个李家妞,
西头有头刘家牛。
刘家牛要吃李家豆,
李家妞赶走刘家牛。

春雨贵如油(iou)

春雨贵如油,
渠水是美酒。
美酒灌麦田,
醉得麦田绿油油。

一个老头儿一盅酒(iou、ou)

一个老头儿一盅酒,
就着一块藕,
吃一口,喝一口。
一棵柳树搂一搂,
一个小妞儿扭一扭。
十个老头儿十盅酒,

就着十块藕,
吃十口,喝十口。
十棵柳树搂一搂,
十个小妞儿扭一扭。

战士学编篓(iou、ou)

大柳河旁六十六棵大青柳,
大青柳下六十六个柳条儿篓,
六十六个入伍六个月的战士学编篓,
教编篓的是大柳河公社大柳河大队
六十六岁的刘老六。

槐树槐(uai、ai)

槐树槐,槐树槐,
槐树底下搭戏台。
人家的姑娘都来了,
我家的姑娘还不来。
说着说着就来了,
骑着驴,打着伞,
歪着脑袋上戏台。

槐树歪歪(uai)

槐树歪歪,坐个乖乖,
乖乖用手,摔了老酒,
酒瓶摔坏,奶奶不怪,
怀抱乖乖,出外买买。

*脑袋领着开个会(uei)

全身零件不太对,
脑袋领着开了个会。
嘴说腿:"飞毛腿,不动脑子,懒动嘴。"
腿说胃:"自己觉得挺尊贵,
不管全身累不累,
吃得不能多,
喝酒不能醉,
营养不足还影响了肺。"
胃一听,落了泪:
"全怪嘴,吹牛放炮不上税,
东家吃一嘴,西家吃一嘴,
嘴吃东西只捡贵,喝酒追求醉。
搓起麻将,一天一宿都不睡,
结果自己成了溃疡胃。"

*酒鬼(uei)

酒鬼见酒鬼,
一喝酒就醉。
醉鬼碰醉鬼,
吹牛不上税。
一说能让水变翠,
一说没腿能追鬼。

龟与灰(uei)

远望一堆灰,
近看一只龟。
龟蹬灰灰就飞,
灰飞龟背灰呛龟。

蝴蝶围着砖堆飞(uei)

红砖堆,青砖堆,
砖堆旁边蝴蝶飞。
蝴蝶围着砖堆飞,
飞来飞去钻砖堆。

龟和鬼(uei)

远望一堆灰,
灰上蹲个龟,
龟上蹲个鬼。
鬼无事挑担水,
湿了龟的尾。
龟要鬼赔龟的尾,
鬼要龟赔鬼的水。

(三)鼻韵母

鼻韵母一般由一至两个元音带上一个鼻韵尾 n 或 ng 构成,因此鼻韵母有两种结构形式:一是韵腹+鼻韵尾(n 或 ng),例如 ian、ang、in、ing、en、eng、ün、ong;一是韵头+韵腹＋鼻韵尾（n 或 ng），例如 ian、uan、uen、üan、iang、uang、iong、ueng。

发鼻韵母时，发音器官都是由元音的发音状态向鼻韵尾的发音状态逐渐变动。如果归音时，提起舌面前部，归收到上齿龈，就完成前鼻韵尾 n；如果提起舌根，归收到软腭前部，就完成后鼻音韵尾 ng。归音到 n 的是前鼻音韵母，归音到 ng 的是后鼻音韵母。

1. 前鼻音韵母 an、en、in、ün、ian、uan、üan、uen

盛饭（an）

红饭碗，黄饭碗，
红饭碗盛满饭碗，
黄饭碗盛半碗饭。
黄饭碗添了半碗饭，
红饭碗减了饭半碗，
黄饭碗比红饭碗多盛半饭碗。

我们说了算（an）

河水急，江水慢，
还得我们说了算。
叫水走，水就走，
叫水站，水就站，
叫它高来不敢低，
叫它发电就发电。

我比山高三尺三(an)

上一山,下一山,
跑了三十三里三。
登上一座大高山,
山高海拔三百三。
上了山,大声喊:
"我比山高三尺三。"

＊苍龙出水(an)

苍龙出水站三站、颤三颤、闪三闪,
一道金光入云天。

鹅妈妈生蛋(an)

鹅妈妈去生蛋,
它请鹅爸爸去做饭。
鹅爸爸有点懒,
它说饭后怕洗碗。
鹅妈妈去做饭,
它请鹅爸爸去生蛋。
生不出,装傻样,
一觉睡到大天亮。

南山修座发电站(an)

出了营门向南看,
南山修座发电站。

全团都在把活儿干,
你也不能站着看。
你是帮助一营修发电站,
还是帮助二营三营刨土埋电线杆架电线。

学习就怕满、懒、难(an)

学习就怕满、懒、难,
心里有了满、懒、难,
不看不钻就不前。
心里丢掉满、懒、难,
永不自满边学边干,
蚂蚁也能搬泰山。

俩判官(an)

城隍庙里俩判官,
左边是潘判官,
右边是庞判官。
不知是潘判官管庞判官,
还是庞判官管潘判官。

*天山春梦(an)

一年一度三月三,
三月天山刺骨寒。
春风不度玉门关,
天山春梦哪年圆。

*夜捉贼(en)

夜深沉,贼上门。
黄狗叫,猫挠门,
老鼠啃了贼脚跟。
家里人,留了神,
抄起大木棍,
左边打,右边抡,
儿子举起大木盆,
准准扣住这贼人。

*小盆问大盆(en)

小盆问大盆,
你沉是我沉?
大盆说小盆,
我沉你不沉。
小盆很气愤,
跳下砸大盆。
小盆碎粉粉,
大盆落个璺(wèn)。

棚倒盆碎棚砸盆(en、eng)

上边一个棚,
地下一个盆,
棚倒盆碎棚砸盆。
是棚赔盆,还是盆赔棚?

你也勤来我也勤(in)

你也勤来我也勤,
生产同心土变金。
工人农民亲兄弟,
心心相印团结紧。

*写信(in)

新新写信给林林,
请他转告彬彬和琴琴,
祝贺新婚,永结同心。
彬彬琴琴找林林,
一块儿回信给新新。
祝新新新年新进步,
加把劲,添信心,
天道一定会酬勤。

*张鑫和姜心(in)

张鑫经营金银,
姜心经营杏林,
经营金银不如经营杏林。
经营金银比经营杏林资金紧,
经营杏林比经营金银手脚勤。
张鑫决定拼一拼,
使经营金银胜过经营杏林。

绿裙子(ün)

军车运来一车裙,
一色军用绿色裙。
军训女生一大群,
脱下花裙换绿裙。
穿绿裙受军训,
军营之中练军魂。

军民心连心(ün)

军爱民,民拥军,
军民心连心。
军民并肩向前进,
军民鱼水情谊深。

半边莲(an、ian)

半边莲,莲半边,
半边莲长在山涧边。
半边天路过山涧边,
发现这片半边莲。
半边天用半把镰,
割了半筐半边莲,
送到咱们的边防站。

甜和咸(ian)

莲莲买盐用舌舔,

是咸不是甜,
是甜不是盐,
是咸才是盐。

*灯捻儿(ian)

点灯点捻,捻长捻短。
捻长冒烟,捻短灯暗。
不长不短,满屋亮遍。

*屋檐前面荡秋千(ian)

棉花线拴秋千,
屋檐前面荡得欢。
秋千挨着旧电线,
电线连着老屋檐。
秋千扯断旧电线,
电线扯掉老屋檐,
屋檐砸坏木秋千。

大姐编辫(ian)

大姐梳辫,
两个人编。
二姐编那半边,
三姐编这半边。
三姐编那半边,
二姐编这半边。

张家湾到李家湾(uan、an)

从前有个张家湾,
湾前是个大河滩。
从前有个李家湾,
湾后座座是高山。
张家湾到李家湾,
攀高高的山,
绕弯弯的滩。
打通山,填平滩,
张家湾,李家湾,
不爬山,不绕滩。
一条大道平坦坦,
来来往往不困难。

*弯弯山弯弯川(uan)

弯弯山,弯弯川,
转一圈又一圈,
圈圈全没出大山。
山里人不能眼光短,
喝断山,冲出川,
外面世界多灿烂。

画圆圈(üan)

娟娟媛媛比画圈,
看谁画得圆圈圆。

圆圈圆,圈圆圈。
娟娟画圈圆又圆,
媛媛画的圈套圈。

男演员女演员(üan、ian)

男演员,女演员,
同台演戏说方言。
男演员说吴方言,
女演员说闽南言。
男演员演远东劲旅飞行员,
女演员演鲁迅著作研究员。
研究员,飞行员,
吴方言,闽南言,
你说男女演员演得全不全。

谁眼圆(üan、ian)

山前有个阎圆眼,
山后有个阎眼圆,
二人山前来比眼。
不知是阎圆眼的眼圆,
还是阎眼圆的眼圆。

帆船(an、uan)

大帆船,小帆船,
竖起桅杆撑起船。
风吹帆,帆引船,

帆船须风进海湾。

初春时节访新村(uen)

初春时节访新村,
喜看新村处处春。
村前整地做秧床,
村后耕田除草忙。
出村来到耕山队,
林木茂盛果实壮。
农业政策威力大,
建设新村处处春。

子不伦打靶(en、uen)

子不伦打靶真叫准,
半蹲射击特别神。
本是半路出家人,
摸爬滚打练成神。

2. 后鼻音韵母 ang、eng、ing、ong、iang、uang、ueng、iong

大和尚和小和尚(ang)

大和尚常常上哪厢?
大和尚常常过长江。
过长江为哪厢?
过长江看小和尚。
大和尚原住襄阳家姓张,

小和尚原住良乡本姓蒋,
大和尚和小和尚,
有事常商量。
大和尚说小和尚强,
小和尚说大和尚棒。
小和尚熬汤请大和尚尝,
大和尚赏小和尚好檀香。

油一缸,豆一筐(ang、uang)

油一缸,豆一筐,
老鼠嗅着油豆香。
爬上缸,跳进筐,
偷油偷豆两头忙。
又高兴,又慌张,
脚一滑,身一晃,
"扑通"一声跌进缸。

床和船(ang)

床身长,船身长,
床身船身不一样长。

*游开封(eng)

郑凤升、冯心鹏,
约了邓衡和孟诚,
开着新车游开封。
出成都向东行,

过了丰都过鬼城。
向东行,从咸丰到来凤,
从鹤峰到五峰,
向北进入河南省。
又是雨又是风,
风雨兼程向开封。
抄小路路不平,
又是埂又是坑,
一边走一边蹦,
谁买的新车谁心疼。

路灯(eng、ing)

十字路口指示灯,
红黄绿灯分得清。
红灯停,绿灯行,
停行、行停看灯明。

真冷(eng)

真冷、真冷、真正冷,
冷冰冰,冰冷冷,
人人都说冷,
猛的一阵风,更冷。
说冷也不冷,
人能战胜风,
更能战胜冷。

民兵排选标兵(ing)

民兵排选标兵,
六班的标兵、七班的标兵、八班的标兵,
评比台前比输赢。
标兵比标兵,
全排选八名。
选出前八名,
一齐上北京。

韵联(ing)

岭顶鹰鸣酩酊兵,
兵丁停听岭顶鹰。
岭顶鹰鸣兵丁醒。
兵醒鹰惊鹰鸣轻。

天上七颗星(ing)

天上七颗星,
树上七只鹰,
梁上七颗钉,
台上七盏灯。
拿扇扇了灯,
用手拔了钉,
举枪打了鹰,
乌云盖了星。

东门钟家种冬瓜(ong)

东门钟家种冬瓜,
西门施家种西瓜。
人人都说东门钟家种的冬瓜大,
赛不过西门施家种的大西瓜。
东门钟家种的冬瓜该夸,
还是西门施家种的西瓜该夸?

＊俩木桶(ong、ing)

东边一口井,
西边一口井。
井上一盏灯,
灯下没有影。
来了一个人,
手提俩木桶。
东边打一桶,
西边打一桶。
从夏打到冬,
水不满一桶。
众人笑他痴,
桶上净窟窿。

两个女孩儿都穿红(ong)

昨日散步过桥东,
看见两个女孩儿都穿红。

一个叫红粉,
一个叫粉红。
两个女孩儿都摔倒,
不知粉红扶红粉,
还是红粉扶粉红。

*种松和种葱(ong)

宋加忠和宋加栋,
一奶同胞亲弟兄。
加忠复员学种松,
一排松,一片松,
改变家乡旧面貌,
青松片片绿葱葱。
加栋钻研种大棚,
又是蔬菜又是果,
日子过得红彤彤;
冬天试着种大葱,
行行大葱长得壮,
成功的喜悦充满胸。

聋童(ong)

朦胧彩霓虹,
玲珑小聋童。
聋童采柠檬,
聋童不懵懂。

*东方腾起中国龙(ong)

一通鼓,咚!咚!咚!
鼓声冲天动半空。
二通鼓,咚!咚!咚!
红灯、红旗、洪钟鸣。
三通鼓,咚!咚!咚!
振兴的宏愿告祖宗。
中华民族重崛起,
东方腾起中国龙。

建粮仓(iang)

全村老少喜洋洋,
交公粮,分口粮,
卖余粮,留种子粮,
还剩十八万斤储备粮。
全村乡亲齐商量,
决定盖个大粮仓。
打夯的打夯,
上梁的上梁,
砌墙的砌墙,
大家齐心协力干,
建成一个大粮仓。

老将、小将、女将(iang)

老将、小将、女将,

云聚一堂商量,
谁能把困难闯?
你争,我夺,他抢!

困难像弹簧(iang)

困难像弹簧,
看你强不强。
你强它就弱,
你弱它就强。

杨家养了一只羊(iang)

杨家养了一只羊,
蒋家修了一道墙。
杨家的羊撞倒了蒋家的墙,
蒋家的墙压死了杨家的羊。
杨家要蒋家赔杨家的羊,
蒋家要杨家赔蒋家的墙。

*学上网(uang、ang)

小黄窗透黄光,
黄光映衬人影双。
姐在灯下学上网,
姐夫在旁指点忙。

王庄和匡庄(uang)

王庄卖筐,匡庄卖网,

王庄卖筐不卖网,
匡庄卖网不卖筐。
你要买筐别去匡庄去王庄,
你要买网别去王庄去匡庄。

帆布黄(uang、ang)

长江里帆船帆布黄,
船舱里放着一张床。
床上躺着两位老大娘,
她俩亲亲热热拉家常。

渔翁和老翁(ueng)

渔翁放鱼入水瓮,
老翁放鱼出水瓮。
渔翁老翁都放鱼,
入出水瓮却不同。

* 韵联(iong)

兄穷窘,用庸佣。
窘穷兄,庸用佣。
穷兄咏,庸佣用。

第三单元　声调练习

普通话音节由声母、韵母、声调三部分组成。声调贯穿音节发音的始终，主要作用在韵腹上。普通话有阴平、阳平、上声、去声四种声调。每种声调都有高低升降变化的调形。阴平是高平调，阳平是高升调，上声是降升调，去声是全降调。声调的高低升降有规范要求。五度标记法是规范声调调值、调形的科学方法（见图3-1）。

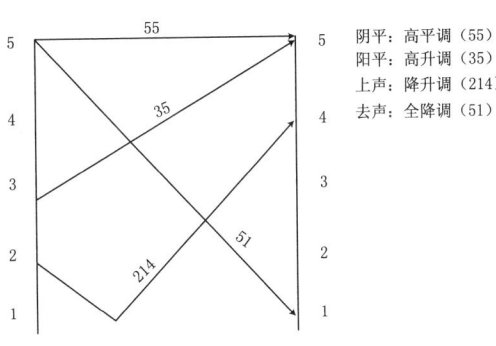

图3-1　普通话声调五度标记法

声调的变化使声音高低起伏，富有音乐性。声调在普通话中有区别意义的作用。例如 ai，有了四声的变化，就变成四个意义完全不同的字音:"哀"(āi)、"癌"(ái)、"矮"(ǎi)、"爱"(ài)。

如果声调读错了,就容易在交流、传播等活动中形成障碍。如北方有些地方的声调与普通话不一致,习惯把去声发成阳平,例如把"任(rèn)命"说成"人(rén)命",还有的地方把"转(zhuǎn)移"说成"转(zhuàn)椅",把"公鸡(jī)"说成"供给(jǐ)"。

实践中,声调方面存在的主要问题是:阴平低、阳平拐弯、上声降升不到位、去声起音低或拐弯。声调部分的绕口令主要是为了加强训练音对普通话声调的调形、调值的印象。

黄毛猫偷吃灌汤包

王家有只黄毛猫,
偷吃汪家灌汤包。
汪家打死王家的黄毛猫,
王家要汪家赔王家的黄毛猫,
汪家要王家赔汪家的灌汤包。

窗、床、墙

量窗量床又量墙,
跳上床量窗,
靠着墙量床,
下了床量墙。
墙比床长,
床比窗长。

窗长长不过床,
床长长不过墙,
墙比窗比床都长。

七支长枪

手拿长枪上城墙,
上了城墙耍长枪。
见枪不见墙,见墙扔了枪,
眼花缭乱,武艺不强。

妞妞牛牛好朋友

小妞妞梳髽(zhuā)鬏(jiū),
小牛牛穿兜兜。
妞妞帮牛牛系扣扣,
牛牛帮妞妞剥豆豆。
妞妞牛牛好朋友,
朋友有事搭把手。

*访老方

老常访老方,
老方放下笔墨迎老常,
请进书房论文章。

珍珍绣锦枕

珍珍绣锦枕,
绣枕用金针。
金针绣蝶枕上飞,

珍珍绣枕赠亲人。

空树藏孔

空树藏孔,
孔进空树空树孔。
孔出空树空树空。

注:孔子出遇到大雨,发现路旁的大树有个大树洞,就进洞避雨。雨停孔子出来,树上还是那个空树洞。

* 画画儿

小华、小花儿,
俩人画画儿,
画儿上画花儿。

门口吊刀

门口吊刀,刀倒吊着。

买丝线

妈妈给我四十四文钱,
跑到施家丝店买丝线。
花了四文钱买了四根白色细丝线,
花了四十文钱买了十四根红色细丝线。

磨房磨墨

磨房磨墨,墨抹磨房一磨墨。
小猫摸煤,煤飞小猫一毛煤。

牛牛要吃河边柳

牛牛要吃河边柳,
妞妞赶牛牛不走。
妞妞护柳扭牛头,
牛牛扭头瞅妞妞。
妞妞扭牛牛更拗,
牛牛要顶小妞妞。
妞妞捡起小石头,
吓得牛牛扭头走。

麻妈妈骑马

麻妈妈骑马,
马慢麻妈妈骂马。
九舅舅捉鸠,
鸠飞九舅舅揪鸠。
老姥姥喝酪,
酪落老姥姥捞酪。
牛妞妞赶牛,
牛拗牛妞妞拧牛。

* 刘六遛牛

刘六遛牛,牛遛绿柳头。
柳绿牛溜,刘六柳林寻遛牛。
不知是刘六遛牛,还是牛遛刘六。

* 嘴啃泥

你说一,我对一,
一个阿姨搬桌椅,
一个小孩不注意,
绊一个跟斗,啃一嘴泥。

刘小柳和牛小妞

路东住着刘小柳,
路西住着牛小妞。
刘小柳拿着大皮球,
牛小妞抱着大石榴。
刘小柳把皮球送给牛小妞,
牛小妞把石榴送给刘小柳。

老史捞石

老师老是叫老史捞石,
老史老是没有去捞石。
老史老是骗老师,
老师老说老史不老实。

* 美如画

荷花开花现芳华,
荷花芳华花如画。

老翁和老翁

老翁卖酒老翁买,

老翁买酒老翁卖。

西、锡、惜

游西湖,提锡壶,
锡壶掉西湖,
惜乎锡壶。
上物理,如雾里,
雾里看物理,
勿理物理。

蓝衣布履刘兰柳

蓝衣布履刘兰柳,
布履蓝衣柳兰刘。
兰柳拉犁来犁地,
兰刘播种来拉耧。

不怕不会

不怕不会,就怕不学,
一回不会,再来一回,
决不后悔,直到学会。

梨和栗

老罗拉了一车梨,
老李拉了一车栗。
老罗人称大力罗,
老李人称大力李。

老罗拉梨做梨酒,
老李拉栗去换梨。

梁木匠和梁瓦匠

梁木匠和梁瓦匠,
俩梁有事常商量。
梁木匠天亮晾衣裳,
梁瓦匠天黑量高粱。
梁木匠晾衣裳受了凉,
梁瓦匠量高粱少了粮。
梁瓦匠思量梁木匠受了凉,
梁木匠体谅梁瓦匠少了粮。

任命、人名、人命

任命是任命,
人名是人名,
人命是人命。
任命人名不能错,
错了人名错任命。
人名人命不能错,
错了人名误人命。

时事是事实

时事是事实,
事实要真实。
时时要真实,

实际是事实。
字字要实际,
事事要真实。

胡家村里十五户

胡家村里十五户,
十五户组织了互助组。
互助组长是胡老虎,
老虎领导互助不含糊。
十五户户户来互助,
胡户帮罗户,
罗户帮马户,
估一估,粮食增产一成五,
户户都变成余粮户。
罗户、马户、胡老虎,
组织合作迈大步。

接水

小威、小伟和小卫,
拿着杯子去接水。
小威让小伟,
小伟让小卫,
小卫让小威,
没人先接水。
一二三,排好队,
一个一个来接水。

第四单元　对比辨读练习

在辨读的问题中,有的属于声母辨读不清,如 f—h、n—l、z—zh、j—zh、j—z 不分;有的属于韵母辨读不清,如 o—e、i—ü、u—ü、n—ng、ao—ou、uen—ong 不分;有的属于四声辨读不清。

这部分绕口令分声母对比辨读练习,韵母对比辨读练习,声、韵、调综合对比辨读练习三部分。这部分绕口令是针对实践中经常遇到的问题,把常见的容易混淆的字音编在一起,通过练习来强化对比辨读能力。另外,在有些对比辨读练习后面,还附了一个常用字的辨音字表。

(一)声母对比辨读练习

1. f—h

一堆粪

一堆粪,一堆灰,
灰混粪,粪混灰。

理化和理发

我们要学理化,
他们要学理发。
理化、理发要分清,
学会理化却不会理发,
学会理发也不懂理化。

灰粪肥

老队长召开生产会,
号召全队来积肥。
要想粮成山,
必先肥成堆。
小飞挑来村南那堆粪,
小会挑来村北那堆灰。
村北那堆灰要掺上村南那堆粪,
村南那堆粪要拌上村北那堆灰。
小飞和小会,
谁也不怕累。
先把灰混粪,
再把粪混灰,
混成灰粪肥。

*费话费

短信发废话会花话费,
回发废话费话费。

发废话花话费会后悔,
回发废话会费话费。
发废话、回发废话都后悔,
后悔就别发废话花话费。

傅虎虎和胡福福

前村后刘沟有个傅虎虎,
后村前刘沟有个胡福福,
中伏给队里种萝卜。
傅虎虎会种白萝卜,
胡福福会种红萝卜。
傅虎虎帮胡福福种白萝卜,
胡福福帮傅虎虎种红萝卜。

粉红活佛龛

会糊我的粉红活佛龛,
来糊我的粉红活佛龛。
不会糊我的粉红活佛龛,
不要胡糊、乱糊,
糊坏了我的粉红活佛龛。

买混纺

武汉商场卖混纺,
大娘心里着了慌。
红混纺,黄混纺,
粉红混纺,黄红混纺。

两眼昏花,唤姑娘,
快快帮我挑混纺。

糊粉红佛花

会糊我的粉红佛花,
再糊我的粉红佛花。
不会糊我的粉红佛花,
可别糊坏了我的粉红佛花。

黄幌子和方幌子

老方扛着个黄幌子,
老黄扛着个方幌子。
老方要拿老黄的方幌子,
老黄要拿老方的黄幌子。
老黄老方不相让,
方幌子碰破了黄幌子,
黄幌子碰破了方幌子。

表 4-1　f 与 h 辨音字表

声母 韵母	f	声母 韵母	h
a	fā　发 fá　乏罚伐筏阀垡 fǎ　法砝 fà　发珐	ua	huā　花吪 huá　华哗铧滑猾划 huà　化华画话划桦婳

续表

声韵母	声母 f		声韵母	声母 h	
o	fó	佛	uo	huō	秴劐豁
				huó	和活
				huǒ	火伙夥
				huò	货祸或惑获嚯霍藿豁镬
u	fū	夫麸敷肤	u	hū	呼乎忽惚糊
	fú	扶芙俘浮符拂氟服伏袱幅福辐蝠茯凫苻匐涪		hú	胡湖葫蝴弧狐壶斛糊核鹕
	fǔ	斧釜抚甫辅脯府俯腑腐		hǔ	虎唬琥浒
	fù	父讣赴付附驸负妇阜复腹覆副富赋傅缚咐		hù	户护沪互扈笏糊瓠冱
ai			uai	huái	怀徊槐淮踝
				huài	坏
ei	fēi	飞妃非菲啡绯扉蜚霏	ui	huī	灰恢挥辉徽晖
	féi	肥淝腓		huí	回茴蛔
	fěi	匪诽斐翡菲		huǐ	悔毁
	fèi	肺吠狒沸费废痱		huì	会卉惠慧汇绘讳晦诲贿烩秽喙蕙
an	fān	帆番幡翻藩蕃	uan	huān	欢獾
	fán	凡矾烦繁樊		huán	还环桓寰鬟
	fǎn	反返		huǎn	缓
	fàn	犯范饭贩畈泛梵		huàn	唤换焕痪宦患浣豢幻
en	fēn	分芬吩纷氛酚	un	hūn	昏婚荤惛
	fén	坟汾棼焚		hún	浑珲馄混魂
	fěn	粉		hùn	混诨溷
	fèn	分份忿奋愤			

续表

声母 韵母		f	声母 韵母		h
ang	fāng fáng fǎng fàng	方邡坊芳钫 防坊妨肪房 仿访彷纺舫 放	uang	huāng huáng huǎng huàng	荒慌肓 皇蝗凰惶徨黄簧 磺潢 恍晃幌谎 晃
eng	fēng féng fěng fèng	丰风枫疯峰蜂锋封 冯逢缝 讽 凤奉俸缝	ong	hōng hóng hǒng hòng	轰哄烘訇吽 弘红虹鸿宏洪泓 哄 讧哄

2. n—l

老刘与老牛

老刘养的一头老牛得了脑瘤。

男旅客穿蓝上装

男旅客穿蓝上装，
女旅客穿呢大衣。
男旅客搀着拎篮子的老大娘，
女旅客拉着拿笼子的小男孩儿。

四辆四轮大马车

牌楼两边有四辆四轮大马车，
你爱拉哪两辆来拉哪两辆。

老农闹老龙

老龙恼怒闹老农,
老农恼怒闹老龙。
农怒龙恼农更怒,
龙恼农怒龙怕农。

新脑筋

新脑筋,老脑筋,
老脑筋可以改造成新脑筋,
新脑筋不学习就会变成老脑筋。

练一练

练一练,念一念,
n、l 要分辨,
l 是舌边音,n 是鼻音要靠前。
你来练,我来念,
不怕累,不怕难,
齐努力,攻难关。

练投篮

打南边来了两队篮球运动员,
一队穿蓝球衣的男运动员,
一队穿绿球衣的女运动员。
男女运动员都来练投篮,
不怕累,不怕难,
努力练投篮。

牛和柳

河边有棵柳,
柳下一头牛。
牛要去顶柳,
柳枝缠住了牛的头。

碾牛料

牛拉碾子碾牛料,
碾了牛料留牛料。

老奶牛

你能不能把公路旁柳树下的那头老奶牛,
拉到牛栏山牛奶站的挤奶房来,
挤了牛奶拿到柳林村,
送给岭南公社托儿所的刘奶奶。

拉 粮

老刘和老牛南宁南岭农场去拉粮,
老刘拉了六千六百六十六斤六两六的粮,
老牛也拉了六千六百六十六斤六两六的粮,
俩人拉了两个六千六百六十六斤六两六的粮。

大娘家里上大梁

梁大娘家里上房梁,
梁大娘扛不动大梁,

大娘的大梁上不了房。
梁大郎帮助大娘扛大梁,
大娘怕麻烦大郎不让大郎扛大梁,
大郎还是要帮大娘扛大梁。
大郎大娘一起上大梁,
大娘家的新房上了大梁。

新郎和新娘

新郎和新娘,
柳林底下来乘凉。
新娘问新郎:
"你是下湖去挖泥,
还是下田去扶犁?"
新郎问新娘:
"你是柳下把书念,
还是下湖去采莲?"
新娘抿嘴儿乐:
"我采莲,你挖泥,
我牵牛,你扶犁。
挖完了泥,采完了莲,扶完了犁,
咱们再来把书念。"

梨和泥

龙年农民去卖梨,
半路碰上下大雨,
摔了个跟斗砸烂了梨,

弄得满脸都是泥。
脸上的泥是黄泥，
地上的梨是黄梨。
洗掉泥，卖掉梨，
回家过龙年，
全家欢迎你。

表 4-2　n 与 l 辨音字表

声母\韵母	n	声母\韵母	l
a	nā 那(姓氏) ná 拿镎 nǎ 哪 nà 那纳钠捺呐娜	a	lā 拉垃啦邋 lá 拉 lǎ 喇 là 辣瘌落(～下)腊蜡
e	né 哪(～吒) nè 讷呐	e	lē 肋 lè 勒乐
i	nī 妮 ní 尼呢(～喃)泥倪霓埿 nǐ 你拟旎 nì 腻匿昵逆溺泥(～墙)	i	lī 哩 lí 鹂骊厘狸离漓篱梨犁 黎蠡 lǐ 礼里李理鲤娌逦澧锂 lì 力荔历厉励立粒苙吏 利瘌莉例戾丽隶栗笠
u	nú 奴驽孥 nǔ 努弩 nù 怒	u	lū 撸噜 lú 卢炉泸颅芦鸬鲈庐 lǔ 卤虏掳橹鲁 lù 绿(～林)禄碌赂鹿辘 麓路璐鹭露戮陆录

续表

声母韵母	n		声母韵母	l	
ü	nǚ nù	女钕 恧衂	ü	lú lǚ lǜ	驴闾榈 吕侣铝旅屡缕褛履捋 律绿率虑滤氯
ai	nǎi nài	乃奶艿氖 耐奈萘佴鼐	ai	lái lài	来莱俫铼 睐赖癞濑籁
ei	něi nèi	哪馁 内那(～个)	ei	lēi léi lěi lèi	勒 累(～赘)嫘雷镭擂礌 垒磊蕾儡耒 累泪类肋酹擂
ao	nāo náo nǎo nào	孬 挠呶蛲铙 恼脑瑙 闹淖	ao	lāo láo lǎo lào	捞 劳唠崂痨牢醪 老姥佬铑 烙落酪唠涝嫪
ou			ou	lōu lóu lǒu lòu	搂艛 楼耧髅娄 搂篓 陋漏镂瘘露
ia			ia	liǎ	俩
ie	niē nié niè	捏 苶 聂镊颞镍啮孽蘖嗫	ie	liē liě liè	咧 咧裂 列烈冽裂趔劣猎
iao	niǎo niào	鸟袅嬲 尿脲	iao	liāo liáo liǎo liào	撩蹽 辽疗聊僚撩嘹缭燎獠寮寥 了燎钌 料撂廖瞭镣钌炓

续表

声母\韵母	n		声母\韵母	l	
iu	niū	妞	iu	liū	溜熘蹓
	niú	牛		liú	流琉鎏硫刘留榴瘤馏
	niǔ	扭钮纽		liǔ	柳绺
	niù	拗		liù	六遛陆馏镏溜
uo	nuó	挪娜傩	uo	luō	捋啰
	nuò	诺锘糯懦		luó	罗锣逻萝箩骡螺
				luǒ	裸瘰蓏
				luò	落摞漯洛骆络珞烙
üe	nüè	疟虐	üe	lüè	掠略
an	nān	囡	an	lán	兰拦栏蓝篮褴阑澜岚澜婪
	nán	男南难喃楠		lǎn	览缆榄揽罱懒漤
	nǎn	赧腩蝻		làn	烂滥
	nàn	难			
ang	nāng	囔	ang	lāng	啷
	náng	囊馕		láng	郎廊螂蜋狼锒
	nǎng	攮		lǎng	朗
	nàng	齉		làng	浪阆崀埌
eng	néng	能	eng	léng	棱楞塄
				lěng	冷
				lèng	愣
ong	nóng	农侬浓脓	ong	lóng	龙茏笼珑昽胧眬聋隆
	nòng	弄		lǒng	陇拢垄笼
				lòng	弄（弄堂）
ian	niān	蔫拈	ian	lián	连莲怜帘联廉镰涟
	nián	年粘鲇黏		liǎn	脸敛
	niǎn	碾捻辇撵蹍		liàn	练炼恋链楝殓潋
	niàn	念埝廿			

续表

声母 韵母	n	声母 韵母	l
in	nín 您	in	līn 拎 lín 邻林淋琳霖临獜遴鳞 lǐn 凛廪懔檁 lìn 吝蔺躏赁
iang	niáng 娘 niàng 酿	iang	liáng 良粮凉梁樑量 liǎng 两俩魉 liàng 亮谅晾跟辆量靓
ing	níng 宁拧咛柠狞凝 nǐng 拧 nìng 宁泞佞拧	ing	líng 伶玲铃苓聆羚囹零 灵棂鲮陵绫凌龄 lǐng 领岭令(一~纸) lìng 令另
uan	nuǎn 暖	uan	luán 峦李栾挛鸾滦銮娈 luǎn 卵 luàn 乱
un		un	lūn 抡 lún 仑伦轮论纶沦囵 lùn 论

3. z—zh

长虫围着砖堆转

长虫围着砖堆转,
转完了砖堆钻砖堆。

抱子看报纸

报纸是报纸,

抱子是抱子,
报纸抱子两回事。
抱子不是报纸,
看报纸不是看抱子,
只能抱子看报纸。

招　租

早招租,晚招租,
总找周邹郑曾朱。

*祖传中医

祖父赵自忠,
曾祖赵祖正,
祖传中医治心脏病。
祖父专治杂难症,
曾祖扎针治脓肿。
赵祖正传给赵自忠,
十四套药书三套针筒。
赵自忠学赵祖正,
扎针拔罐儿再去肿。

撕字纸

刚往窗上糊字纸,
你就隔着窗户撕字纸。
一次撕下横字纸,
一次撕下竖字纸,

横竖两次撕了四十四张湿字纸。
是字纸你就撕字纸，
不是字纸你就不要胡乱撕一地纸。

表4-3　z与zh辨音字表

声母韵母	z	声母韵母	zh
a	zā 扎匝咂 zá 砸杂 zǎ 咋	a	zhā 扎吒查喳渣楂参 zhá 扎札轧闸炸铡 zhǎ 拃（一～）砟眨 zhà 乍诈炸榨栅吒
e	zé 则责啧择泽 zè 仄昃	e	zhē 折遮蜇 zhé 折哲蛰蛰辄谪摺 　　辙嚞 zhě 者锗赭褶 zhè 这柘浙蔗鹧
u	zū 租 zú 族镞足卒 zǔ 阻组诅俎祖	u	zhū 朱侏珠茱诛株蛛 　　诸猪 zhú 竹术竺逐烛躅 zhǔ 主拄煮渚属嘱瞩 zhù 助住注蛀驻柱苎伫 　　贮纻祝著
-i(前)	zī 资姿咨兹滋嗞辎孜孳 zǐ 子仔籽姊紫梓滓秭 zì 自字恣眦渍	-i(后)	zhī 之芝枝吱肢知蜘汁 　　脂织卮栀氏只支 zhí 直值植职侄执殖蹠 zhǐ 只止址祉纸咫指旨 zhì 志识帜秩制质治炙 　　峙痔智掷滞置稚 　　室致
ai	zāi 栽灾哉 zǎi 仔载宰崽 zài 在再载	ai	zhāi 斋摘侧（～歪） zhái 宅择（～菜） zhǎi 窄 zhài 债寨

续表

声母韵母	z		声母韵母	zh	
ei	zéi	贼	ei		
ao	zāo záo zǎo zào	遭糟 凿 早枣澡藻蚤 皂灶造燥躁噪	ao	zhāo zháo zhǎo zhào	钊招昭朝着(一～) 着(～火) 找爪沼 召照诏赵罩兆笊肇
ou	zōu zǒu zòu	邹 走 奏揍	ou	zhōu zhóu zhǒu zhòu	周啁舟州洲诌粥 轴妯 肘帚 纣绉皱宙咒昼骤胄
ua			ua	zhuā zhuǎ	抓髽 爪
uai			uai	zhuāi zhuǎi zhuài	拽 跩 拽
uo	zuō zuó zuǒ zuò	作(～坊)嘬 昨琢作(～料) 左佐撮(一～儿) 坐座做作柞	uo	zhuō zhuó	桌捉拙涿倬 灼酌茁浊镯啄着
ui	zuī zuǐ zuì	脧 嘴 最罪醉	ui	zhuī zhuì	追锥骓椎 坠缀惴赘
an	zān zán zǎn zàn	糌簪 咱 攒 暂錾赞瓒	an	zhān zhǎn zhàn	占沾毡粘詹瞻 斩崭盏展搌辗 占战站栈绽湛蘸

续表

声母 韵母	z	声母 韵母	zh
en	zěn 怎	en	zhēn 贞侦针珍胗真砧榛 臻斟甄箴 zhěn 诊疹缜枕 zhèn 圳阵鸩振赈震朕镇
ang	zāng 脏赃臧 zàng 藏脏葬奘	ang	zhāng 章彰樟蟑獐张 Zhǎng 长涨仉掌 Zhàng 丈仗杖帐胀涨障
eng	zēng 曾增憎 zèng 赠	eng	zhēng 征正症争挣睁筝 蒸峥狰 zhěng 整拯 zhèng 正证政症郑净挣
ong	zōng 宗综棕踪鬃枞 zǒng 总偬 zòng 纵粽	ong	zhōng 中忠盅钟衷终 zhǒng 肿种冢踵 zhòng 仲中种众重
uan	zuān 钻躜 zuǎn 纂 zuàn 钻攥	uan	zhuān 专砖颛 zhuǎn 转 zhuàn 传转啭赚撰篆
un	zūn 尊遵樽鳟 zǔn 撙	un	zhūn 谆肫 zhǔn 准
uang		uang	zhuāng 妆庄桩装 zhuàng 壮状僮幢撞戆

4. c—ch

晒白菜

大柴和小柴，

帮助爷爷晒白菜。

大柴晒的是大白菜,
小柴晒的是小白菜。
大柴晒了四十四斤四两大白菜,
小柴晒了三十三斤三两小白菜。
晒了白菜吃白菜,
吃的白菜是大柴小柴一块儿晒。

*吃鱼翅

紫瓷盘,盛鱼翅,
一盘熟鱼翅,一盘生鱼翅。
迟小池拿了一把瓷汤匙,
要吃清蒸美鱼翅。
一口鱼翅刚到嘴,
鲜香滋味挂满齿。

粗出气与出气粗

粗出气种谷,出气粗喂猪。
粗出气种的谷,谷穗长得长又粗。
出气粗喂的猪,身子长得胖乎乎。
出气粗家胖乎乎的大肥猪,
偷吃了粗出气家又长又粗的品种谷。
粗出气用锄打出气粗家胖乎乎的大肥猪,
出气粗家胖乎乎的大肥猪,
再也不吃粗出气家又长又粗的品种谷。

表 4-4　c 与 ch 辨音字表

声母韵母	c	声母韵母	ch
a	cā　擦嚓	a	chā　叉杈插差喳 chá　茬茶搽查碴察 chǎ　叉衩踏镲 chà　杈权岔诧姹刹差
e	cè　册厕侧测恻策	e	chē　车 chě　扯 chè　彻掣撤澈
-i(前)	cī　差疵刺(～溜) cí　词祠辞雌茨瓷慈磁 cǐ　此跐 cì　次伺刺赐	-i(后)	chī　吃哧嗤眵笞痴魑螭 chí　池弛驰迟持匙踟 chǐ　尺呎齿侈耻豉 chì　彳叱斥赤炽翅敕啻
ai	cāi　猜 cái　才材财裁 cǎi　采彩睬踩 cài　菜蔡	ai	chāi　拆钗差 chái　柴豺
ao	cāo　操糙 cáo　曹嘈漕槽螬 cǎo　草	ao	chāo　抄吵钞超绰焯 cháo　晁巢朝嘲潮 chǎo　吵炒 chào　耖
ou	còu　凑	ou	chōu　抽 chóu　仇筹畴踌惆绸稠酬愁 chǒu　丑瞅 chòu　臭
uai		uai	chuāi　揣搋 chuǎi　揣 chuài　踹

续表

声母韵母	c	声母韵母	ch
ui	cuī 衰崔催摧 cuǐ 璀 cuì 脆萃啐淬悴瘁粹翠毳	ui	chuī 吹炊 chuí 垂陲捶棰锤椎槌
an	cān 参餐 cán 残蚕惭 cǎn 惨 càn 灿粲璨	an	chān 掺搀 chán 婵禅蝉单(～于)蟾 　　 谗馋潺缠 chǎn 产铲谄阐 chàn 忏颤韂
en	cēn 参(～差) cén 岑涔	en	chēn 抻郴琛嗔瞋 chén 臣辰晨尘忱沉陈 chěn 碜 chèn 衬称(对～)趁
ang	cāng 仓苍沧舱 cáng 藏	ang	chāng 伥昌菖猖娼鲳 cháng 长场肠尝偿徜常 　　 嫦裳 chǎng 厂场昶敞氅 chàng 怅畅倡唱
eng	cēng 噌 céng 曾层 cèng 蹭	eng	chēng 蛏称铛撑瞠 chéng 成城诚盛程呈承 　　 乘惩澄橙 chěng 逞骋 chèng 秤
ong	cōng 匆葱囱璁聪 cóng 从丛淙琮	ong	chōng 冲忡艟充舂憧 chóng 虫重崇 chǒng 宠 chòng 冲铳

续表

声母韵母	c	声母韵母	ch
uan	cuān 氽撺蹿 cuán 攒 cuàn 窜篡	uan	chuān 川氚穿 chuán 传船椽 chuǎn 舛喘 chuan 串钏
un	cūn 村皴 cún 存蹲 cǔn 忖 cùn 寸吋	un	chūn 春椿 chún 纯莼唇淳鹑醇 chǔn 蠢
uang		uang	chuāng 疮创窗 chuáng 床幢 chuǎng 闯 chuàng 创怆

5. s—sh

老师撕纸

老师撕试纸,
撕完了试纸撕字纸。

三山撑四水

三山撑四水,
四水绕三山。
三山四水春常在,
四水三山四时春。

柿子涩死石狮子

山前有三十三棵死涩柿子树,
山后有四十四只石狮子。
山前的三十三棵死涩柿子树,
涩死了山后的四十四只石狮子。
山后的四十四只石狮子,
咬死了山前的三十三棵死涩柿子树,
死涩柿子树从此不结死涩大柿子。

三月三

三月三,阿三撑伞上深山。
上山又下山,下山又上山,
出了满身汗,湿透一身衫。
上山走了四里四,
下山跑了三里三,
还剩一里金花闪,
唱支山歌手摇扇,
来了精神跑下山。

司小四和史小诗

司小四、史小诗,
四月十四上集市。
司小四买了四十四斤西红柿,
史小诗买了四点四克石榴石。
司小四要拿四十四斤西红柿换史小诗四点四克石榴石,

史小诗四点四克石榴石不换司小四四十四斤西红柿。
司小四、史小诗，
西红柿、石榴石，
换来换去值不值。

＊ 少森、时春交情深

曹少森、苏时春，
俩人都住桑树村，
你来我往交情深。
少森三十三，
时春三十四，
少森敬时春懂诗文，
报纸杂志发作品。
少森种桑又养参，
出口创汇是名人。

石狮寺前石狮子

石狮寺前有四十四只石狮子，
寺前树上结了四十四个涩柿子。
四十四只石狮子不吃四十四个涩柿子，
四十四个涩柿子涩死了四十四只石狮子。

死虱子

字纸里裹着细银丝，
细银丝上趴着四千四百四十四个似死不死的小死虱子。

棕兔捉松鼠

一株松树上有一只松鼠,
一株棕树下有一只棕兔。
棕兔想跳上松树捉松鼠,
松鼠想跳过棕树避棕兔。

织丝狮子

试将四十四支极细极细的紫丝线,
试织四十四只极细极细的紫狮子。
细紫丝线试织细紫狮子,
细紫丝线却织成了死紫狮子。
细紫狮子织不成,
扯断了细紫丝线四十四支。

买细丝线

我拿着四毛钱,
跑到市里施家丝店
买了十根细丝线。
拿回家一看,
不是细丝线是湿丝线。

表 4-5　s 与 sh 辨音字表

声母韵母	s	声母韵母	sh	
a	sā 仨撒 sǎ 洒撒靸 sà 卅飒萨	a	shā shá shǎ shà	杀刹沙痧裟纱莎砂 煞杉挲 啥 傻 厦献煞嗄
e	sè 色铯涩嗇瑟塞	e	shē shé shě shè	奢赊猞 舌折佘蛇 舍 设社舍射麝涉赦 摄慑
u	sū 苏酥稣窣 sú 俗 sù 夙诉肃素塑速宿粟	u	shū shú shǔ shù	书抒叔淑枢殊姝 梳输疏蔬 孰熟塾秫赎 暑曙署薯黍属蜀 鼠数 术述戍束树竖恕 庶数
-i(前)	sī 私司丝思斯撕嘶蛳 sǐ 死 sì 巳四寺似伺饲肆祀嗣	-i(后)	shī shí shǐ shì	失师湿狮尸诗虱施 十什石时识拾食 蚀实 史驶矢豕使始屎 是事士仕示氏世市 柿式释试拭似势侍 恃饰视适室誓逝
ai	sāi 腮鳃塞 sài 赛塞	ai	shāi shǎi shài	筛 色 晒

续表

声母 韵母	s	声母 韵母	sh	
ao	sāo 搔骚缫臊 sǎo 扫嫂 sào 扫臊	ao	shāo 捎梢稍艄鞘烧 sháo 勺芍杓苕韶 shǎo 少 shào 少邵绍哨稍潲	
ou	sōu 搜嗖馊飕艘 sǒu 叟擞 sòu 嗽擞	ou	shōu 收 shóu 熟 shǒu 手守首 shòu 受授绶寿售兽瘦狩	
ua		ua	shuā 刷唰 shuǎ 耍 shuà 刷（～白）	
uo	suō 娑唆梭蓑缩嗦 suǒ 所索唢琐锁	uo	shuō 说 shuò 妁烁朔硕	
uai		uai	shuāi 衰摔 shuǎi 甩 shuài 帅率蟀	
ui	suī 虽尿濉 suí 隋随遂绥 suǐ 髓 suì 岁碎祟隧遂穗	ui	shuí 谁 shuǐ 水 shuì 税睡说（游～）	
an	sān 三叁 sǎn 伞散馓 sàn 散	an	shān 山舢杉衫删姗跚苫 扇煽 shǎn 闪陕 shàn 汕疝苫禅扇善膳鳝 擅赡	
en	sēn 森	en	shēn 申伸呻绅身参深娠 shén 什神 shěn 沈审婶 shèn 肾甚慎蜃渗	

续表

声母韵母	s	声母韵母	sh
ang	sāng 丧桑 sǎng 搡嗓 sàng 丧	ang	shāng 伤殇商墒 shǎng 垧晌赏上(～声) shàng 上尚绱
eng	sēng 僧	eng	shēng 升生牲笙声甥 shéng 绳 shěng 省 shèng 圣胜晟盛剩崨
ong	sōng 松忪凇嵩 sǒng 怂耸悚竦 sòng 讼颂宋送诵	ong	
uan	suān 酸 suàn 蒜算	uan	shuān 栓拴闩 shuàn 涮
un	sūn 孙荪狲 sǔn 损笋隼榫	un	shǔn 吮 shun 顺舜瞬
uang		uang	shuāng 双霜孀 shuǎng 爽

6. z—zh、c—ch、s—zh、r 与 j、q、x

* 说粤语的朋友请注意

说粤语的朋友请注意，
普通话三组声母发音分仔细。
z—zh、c—ch、s—sh、r,
舌尖发音要用力。
j、q、x 是舌面音，

舌面成阻用点力。
z－zh、c－ch、s－sh、r，
全都发成 j、q、x，
说不明白，听不懂，
沟通起来很吃力。
出几个题目考考你，
发音错了，别人就要误会你。
"深圳""新近"有"大潮"，
站在"桥头"看"潮头"，
站在"大桥"看"大潮"。
"资金""基金"两码事，
"商业""香叶"挨不着，
"长价"错了变"讲价"，
"发愁"不对变"发球"，
"瘦西湖"变成"绣西湖"。
"整理"—"井里"、
"收拾"—"休息"、
"朝气"—"娇气"、
"祖国"—"举国"，
……说的、听的两股道儿，
"事事""细细"凑不到一起去。
你"着急"，我"焦急"，
"晨"练耳朵，"勤"练嘴，
纠正发音没问题。

(二)韵母辨读练习

1. o—e

颗颗豆子进石磨

颗颗豆子进石磨,
磨成豆腐送哥哥。
哥哥说我的生产虽然小,
可小小的生产贡献多。

＊老伯和老何

河边住着老伯,
船上住着老何。
老伯上船找老何,
老何上岸找老伯。
老伯爱唱歌,
荒腔走板也乐呵。
老何不爱唱歌,
看着老伯乐呵也乐呵。

婆婆过河卖鹅去买锅

婆婆带了一对鹅,
过河卖鹅去买锅。
卖了一只鹅,
买了两口锅。

婆婆拿锅我抱鹅,
我和婆婆一起带锅抱鹅过了河。

2. i—u

拾麂皮补皮裤

一出门儿走七步,
拾了块麂皮补皮裤。
是麂皮补皮裤,
不是麂皮不必补皮裤。

簸秕谷子和谷秕子

簸了秕谷子,簸谷秕子,
先簸秕谷子,后簸谷秕子。
会簸秕谷子,必会簸谷秕子,
不会簸秕谷子,也不会簸谷秕子。

壁补壁

北风吹,壁布裂。
拆东壁补西壁,
拆南壁补北壁,
拆壁补壁,壁补壁。

3. i—ü

红鲤鱼绿鲤鱼

红鲤鱼绿鲤鱼与驴。

* 圆圆月夜

圆圆月圆,月圆夜,
圆月圆圆,夜圆月,
夜月圆圆,圆月夜。

* 一个剧团俩演员

一个剧团俩演员,
严演员眼不圆,
袁演员眼圆眼闭不严。

* 吃荸荠

吃荸荠去荸荠皮儿,
不吃荸荠不去荸荠皮儿。

学语言

学语言,用语言,
学好语言,说话不费难。
播音员学语言,
说话亲切又自然。
演员学语言,
台词传得远。

* 蓝雨伞绿雨衣

蓝雨伞,绿雨衣,
意见不一遇见驴。

打着雨伞提着梨,
穿着雨衣骑着驴。

*举行全国体育运动会

全国体育运动委员会,
举办全国体育运动会。
足球红队对绿队,
手球一队对乙队。
结局一律无所谓,
只要 i、ü 能学会,
明年继续举行全国体育运动会。

*天气预报最新消息

天气预报,最新消息,
不阴不雨,滚雷落地,
风卷残云,午夜平息。

4. u—ü

*去徐州

苏州吴玉祖,带了五百五,
上路去徐州,怕丢天天数。
先去徐州买布,
再去瞿州买醋。
买布又买醋,
回来还余五百五。

金锯子锯金柱子

朱家有个金柱子,
曲家有个金锯子。
曲家的主人拘了朱家的举人,
金锯子锯断了金柱子。

5. ei—uei

手艺学不会

手艺学不会,
材料用得费。
正是会的不费,
费的不会。

黑化肥灰化肥

黑化肥发灰,
灰化肥发黑。
黑化肥发灰不发黑,
灰化肥发黑不发灰。
黑化肥发灰会挥发,
灰化肥挥发会发黑。

一堆肥一堆灰

一堆肥,一堆灰,
肥混灰,灰掺肥。

灰掺肥,肥不肥,
肥混灰,灰毁肥。

6. ao—iao

钓鱼要到岛上钓

钓鱼要到岛上钓,
不到岛上钓不到。

桥上吊刀

桥上吊刀,
刀倒吊着。

悬崖吊雕

门口吊刀,
悬崖吊雕。

草料

牛吃草,牛吃料,
牛槽长长盛草料。
牛俯牛槽吃牛草,
牛俯牛槽吃牛料,
牛草牛料盛牛槽。

7. 鼻韵母

殷英敏和应尹明

东庄住着殷英敏,

西庄住着应尹明。
应尹明挖蚯蚓,
殷英敏捕苍蝇。
不管天阴或天晴,
俩人工作总不停。
为了比辛勤,
俩人通了信,
要看谁行谁不行。
不知殷英敏的苍蝇多过应尹明的蚯蚓,
还是应尹明的蚯蚓多过殷英敏的苍蝇。

夫新的父亲

夫新的父亲叫福清,
福清是夫新的父亲。
福清让夫新叫他父亲,
福清不让夫新叫他福清。

银鹰炸冰凌

春风送暖化冰层,
黄河上游漂冰凌。
水中冰凌碰冰凌,
集成水坝出险情。
人民空军为人民,
飞来银鹰炸冰凌。
银鹰轰鸣黄河唱,
爱民歌声震长空。

上山去栽马尾松

从东边来了营长丁茵林,
率领全营官兵,
上山去栽青枝青叶的马尾松。

通信不同姓

同姓不能念成通信,
通信也不能念成同姓。
同姓可以互相通信,
通信可不一定同姓。

银 星

天上有银星,
星旁有阴云。
阴云要遮银星,
银星躲过阴云,
不让阴云遮银星。

天津和北京

天津和北京,
两座兄弟城。
津京两字韵,
不是一个音。
津字前鼻音,
京字后鼻音。

请你仔细听，
发音要分清。

敬母亲

生身亲母亲，
谨请您就寝。
请您心宁静，
身心很要紧。
新星伴月明，
银光澄清清。
尽是清静境，
警铃不要惊。
您醒我进来，
进来敬母亲。

东山立着一棵松

东山立着一棵松，
松下有人练武功。
辗转腾挪动如风，
练得武功稳如松。

姓陈姓程

姓陈不能说成姓程，
姓程也不能说成姓陈。
禾木边是程，
耳东边是陈。

如果陈程不分，
就会认错人。

棚倒盆碎

老彭捧着一个盆，
路过老闻干活儿的棚。
老闻的棚碰了老彭的盆，
棚倒盆碎棚砸盆，
盆碎棚倒盆碰棚。
老彭要赔老闻的棚，
老闻要赔老彭的盆。
老闻陪着老彭去买盆，
老彭陪着老闻来修棚。

陈庄城通郑庄城

陈庄城通郑庄城，
郑庄城通陈庄城。
陈庄城和郑庄城，
两庄城墙都有门。
陈庄门进郑庄人，
陈庄人进郑庄门。
请问陈郑两庄门，
哪个门进陈庄人，
郑庄人进哪个门？

二人说相声

张仁升和江银星,
二人上场说相声。
先说一个"招厂长",
再说一个绕口令。
真主、珍珠、真珍珠,
出城、出证、出入证。

*圆眼燕与扁眼燕

圆眼燕愿眼扁,
扁眼燕愿眼圆。
圆眼燕怨眼圆眯眼,
扁眼燕怨眼扁看不全。

选演员

严圆眼,选演员,
眼不圆,他不选。
演员眼,全眼圆,
眼全圆,怎么演?

同乡不同行

辛厂长,申厂长,
同乡不同行。
辛厂长天天讲生产,
申厂长常常闹思想。

辛厂长一心只想革新厂,
申厂长满口只讲加薪饷。

* 长城长

长城长,城墙长,
长长长城长城墙,
城墙长长城长长。

* 王庄和黄庄

王庄卖筐又卖姜,
黄庄养羊卖羊汤。
王庄卖了筐和姜,
喝碗黄庄好羊汤。
黄庄为卖好羊汤,
专买王庄筐装姜。

司马光砸缸

司马缸砸缸,
司马缸砸光,
司马光砸光,
司马光砸缸。

东洞庭西洞庭

东洞庭,西洞庭,
洞庭山上一根藤,

藤上挂个大铜铃。
风起藤动铜铃响,
风停藤定铜铃静。

钉铜钉

楼上钉铜钉,
楼下挂铜灯。
钉铜钉震动铜灯,
钉了铜钉,
掉了铜灯。

(三)声母、韵母、声调综合

学好声韵辨四声

学好声韵辨四声,
阴阳上去要分明。
部位方法须找准,
开齐合撮属口形。
双唇班报必百波,
舌尖当地斗点丁。
舌根高狗工耕故,
舌面积结教坚精。
翘舌主争真知照,
平舌资则早在增。
擦音发翻飞分复,
送气查柴产彻称。

合口呼午枯胡古,
开口河坡歌安争。
撮口虚学寻徐剧,
齐齿衣优摇业英。
前鼻恩因烟弯稳,
后鼻昂迎中拥生。
咬紧字头归字尾,
阴阳上去记变声。
循序渐进坚持练,
不难达到纯和清。

量窗量床又量墙

量窗量床又量墙,
窗床和墙一样长。
窗床尺寸不一样,
弄错尺寸重新量。

墙上一根钉

墙上一根钉,
钉上挂条绳。
绳下吊个瓶,
瓶下放盏灯。
掉下墙上钉,
脱掉钉上绳。
滑落绳下瓶,
打碎瓶下灯。

瓶打灯,灯打瓶,
瓶说灯,灯骂绳,
瓶说绳,绳说钉。

吃吐鲁番葡萄

吃吐鲁番葡萄吐吐鲁番葡萄皮,
不吃吐鲁番葡萄不吐吐鲁番葡萄皮。

砍斑竹搬包谷

砍干斑竹,搬干包谷。

桐子落,童子乐

童子打桐子,
桐子落,童子乐。

古铜钱挂门帘

古铜钱,挂门帘,
门帘高,买铡刀。
铡刀快,切青菜,
青菜青,买张弓。
弓没弦,买只船,
船没头,买只猴。
猴没爪,买匹马,
马没鞍,买只鸢。
鸢没肚,买只兔,
兔没蹄,买只鸡。

鸡不叫,狗不咬,
都叫狸猫偷吃了。

辨读

找到不念早到,
遭到不念早稻。
乱草不念乱吵,
制造不念自造。
收不念搜,
流不念牛。
无奈别念无赖,
恼羞别说老朽。

杂志社出杂志

杂志社出杂志,
杂志出在杂志社。
有政治常识、历史知识、
写作指导、诗词注释,
还有那——
植树造林、治理沼泽、
栽花种草、生产手册,
种种杂志数十册。

桑树和枣树

操场前面有三十三棵桑树,
操场后面有四十四棵枣树。

张三把三十三棵桑树认作枣树,
赵四把四十四棵枣树认作桑树。

仿佛活凤凰

费家有面粉红墙,
粉红墙上画凤凰,
凤凰画在粉红墙。
红凤凰、黄凤凰,
粉红凤凰、花凤凰,
全都仿佛活凤凰。

班干部管班干部

班干部让班干部管班干部,
班干部管班干部。
班干部不让班干部管班干部,
班干部不管班干部。

田建贤回家

田建贤前天从前线回到家乡田家店,
只见家乡变化万千,
繁荣景象呈现在眼前。
连绵不断的青山,
一望无际的棉田,
新房连成一片,
高压电线通向天边。

簸谷子

谷子瘪,簸谷子,
簸出瘪谷子,
留下鼓谷子。

算卦的和挂蒜的

街上有个算卦的,
还有一个挂蒜的。
算卦的算卦,
挂蒜的卖蒜。
算卦的叫挂蒜的算卦,
挂蒜的叫算卦的买蒜。
算卦的不买挂蒜的蒜,
挂蒜的也不算算卦的卦。

大花活蛤蟆打破大花碗

大花碗扣大花活蛤蟆,
大花活蛤蟆打破扣大花活蛤蟆的大花碗。
扣大花活蛤蟆的大花碗,
扣不了大花碗扣过的大花活蛤蟆。

* 自己的事情自己管

唐泰、谭河、党代丹,
去找庞波、班帮、毕边翩。
庞波、班帮、毕边翩的事,

不能让唐泰、谭河、党代丹来断。
唐泰、谭河、党代丹的事,
也由不得庞波、班帮、毕边翩来管。

班鲍互助成标兵

班柄浓活活泼泼搞工作,
鲍勃标朝气蓬勃干革命。
老班活泼干劲大,
老鲍科学精神足。
班帮鲍,鲍帮班,
班鲍互助成标兵。

*辨读

鸡道、鸭道,不知道,
七道、八道,不迟到。
细席、粗席、四时席,
舌面、平翘,分仔细。
金心不及真心,
秋千不能抽签,
新鲜才入深山。

第五单元　语流音变练习

在语流中,由于受到相邻音节的相邻音素的影响,一些音节中的声母、韵母或声调会发生语音的变化,我们称之为语流音变。

普通话中最典型的语流音变现象包括儿化、轻声、变调等。

一、儿化

普通话里单独念卷舌 er 的字很少,常用的只有儿、而、尔、耳、洱、饵、二、贰等大概十几个字。出于思想感情表达的需要,把 er 这个音与其他韵母结合起来,改变了原来韵母的音色,成为一种卷舌的儿化韵母,叫作儿化韵。儿化韵里的"儿"不是一个单独音节,而是在一个音节的末尾加上一个卷舌动作,使原来的音节因儿化而发生音变。拼音方案规定在韵母末尾加上"r"来表示儿化,例如"花籽儿(zǐr)""山坡儿(pōr)"。

(一)儿化的作用

儿化在普通话中有区别词义、区别词性和表达感情色彩的重要作用。

1. 区别词义

白面(面粉)——白面儿(毒品)

鼻(鼻子)——鼻儿(器物上面能够穿上其他东西的小孔,如针鼻儿)

天(天空)——天儿(天气)

信(信件)——信儿(消息)

眼(眼睛)——眼儿(小孔)

2. 区别词性

画(动词)——画儿(名词)

活(动词)——活儿(名词)

尖(形容词)——尖儿(名词)

盖(动词)——盖儿(名词)

3. 表达感情色彩

儿化可以表示"小""少""喜爱""亲切"的感情色彩。墨水瓶儿、土堆儿、药片儿、冰棍儿、纽扣儿等含有"小"的意思,小孩儿、小嘴儿、小花儿、小脸蛋儿等含有"喜爱"的感情色彩,叔儿、婶儿、小刘儿、小王儿等含有"亲切"的感情色彩。有时儿化也可以表示鄙夷、厌恶的感情态度。

(二)儿化的音变规律

儿化的音变规律是:

(1)韵母最后一个音素是 a、o、e、ê、u,儿化时,在韵母后加卷舌"r"。

话把儿(bàr)　　围脖儿(bór)　　借火儿(huǒr)

哥儿俩(gēr)　　吐核儿(húr)　　死扣儿(kòur)

(2)韵尾是 i、n(in、ün 除外)，儿化时，去掉韵尾 i、n，同时加上卷舌"r"。

乖乖儿的(guār)　摸黑儿(hēr)　　一对儿(duèr)
鞋带儿(dàr)　　　一半儿(bàr)　　走神儿(shér)

(3)韵尾是 ng(ing 除外)，儿化时，去掉韵尾 ng，将 ng 前边的韵腹鼻化，同时加上卷舌"r"。

帮忙儿(már)　　　门缝儿(fèr)　　小虫儿(chór)
瓜秧儿(yār)　　　竹筐儿(kuār)　　杏儿(xièr)

(4)单元音韵母为 i、ü，儿化时，在韵母后面加上卷舌"er"，i、ü 仍保留。

剥皮儿(píer)　　　小米儿(mǐer)　　针鼻儿(bíer)
小雨儿(yǔer)　　　毛驴儿(lúer)　　有趣儿(qùer)

(5)韵母为 in、ün，儿化时，去掉韵尾 n，后面加上卷舌"er"。韵母是 ing，儿化时，去掉韵尾 ng，后面加上卷舌"er"。

手印儿(yìer)　　　花裙儿(qúer)　　花瓶儿(píer)

(6)单元音韵母为 -i(前)、-i(后)，儿化时，去掉主要元音，在声母后边直接加上卷舌动作"r"。

写字儿(zèr)　　　粉丝儿(sēr)　　　挑刺儿(cèr)
树枝儿(zhēr)　　　喂食儿(shér)　　锯齿儿(chěr)

书面上没有写"儿"字，不一定说明这个字或这个词不需要儿化，应根据作品体裁、风格、内容及具体上下文的意思，决定是否儿化。在具体语言环境中，需要把"儿"当作一个音节处理时，就不能作儿化处理。例如"花儿为什么这样红？""那是花儿在欢笑，那是鱼儿在歌唱"……这些语句中的"儿"字，就不适合做儿化处理。

(三)儿化的练习

瘪玻璃棍儿鼓玻璃棍儿

瘪玻璃棍儿比鼓玻璃棍儿瘪,
鼓玻璃棍儿比瘪玻璃棍儿鼓。

* 杂货铺儿

斜对门儿有个杂货铺儿,
小账本儿上七个字,
"赔了赚了都没事儿"。
一摞盆儿,一摞碗儿,
三个小壶儿都没盖儿。
花露水儿、清凉油儿,
新进的汽水儿和冰棍儿。
切菜板儿、擀面棍儿,
满屋的东西没空地儿。

吃仁儿不吃皮儿

吃仁儿不吃皮儿,
吃皮儿不吐仁儿。
嗑了皮儿,吃了仁儿,
吃了仁儿,吐了皮儿。
吐皮儿吃仁儿,
皮儿里没仁儿。

老头儿挖泥

老头儿对老头儿,
挖泥喊加油儿。
引来老鹰停翅飞,
乐得杨柳直点头儿。

*北京人爱小吃儿

北京人爱小吃儿,
驴打滚儿、蜜麻花儿,
芝麻烧饼配炒肝儿。
豆腐脑儿、煎锅贴儿,
来碗豆汁儿就焦圈儿。
灌肠、面茶、豌豆黄儿,
临了儿来碗果子干儿。

编花篮儿

大热天儿,挂竹帘儿,
歪脖儿树下有个小妞儿编花篮儿。
一编编个玉花篮儿,
里面插着牡丹花儿、玫瑰花儿,
还有菊花儿、海棠花儿。

*兜儿装豆儿

兜儿装豆儿,豆儿满兜儿,
豆儿满,兜儿破,兜儿漏豆儿。

倒出豆儿,补破兜儿,
补好破兜儿,再装豆儿。

*小耗子儿练写字儿

小耗子儿,
吱儿、吱儿、吱儿,
哭着喊着叫媳妇儿。
媳妇儿嗑着瓜子儿哼着歌儿,
叫了半天才吭气儿。
叫媳妇儿,练写字儿,
把笔墨纸砚摆一桌儿。
大字本儿,米字格儿,
新买的毛笔蘸墨汁儿。
先练横儿,再练竖儿,
一撇儿、一捺儿、一竖钩儿,
一点儿、一点儿、又一点儿,
字儿没写成,
自个儿成了小花脸儿。

小饭碗儿

有个小孩儿叫小兰儿,
挑着小桶儿上庙台儿。
摔了个跟头儿,
捡了个钱儿。
又打醋,又买盐儿,
还买了一个小饭碗儿。

小饭碗儿真好玩儿,
红花儿绿叶儿镶金边儿,
中间儿还有个小红点儿。

画格子儿建房子儿

捡个石子儿画格子儿,
画了格子儿建房子儿。
建了房子儿美滋滋儿,
楼上的房子儿给鸽子儿,
楼下的房子儿给兔子儿。
剩下一间小房子儿,
留给耗子儿娶媳妇儿。

为人民服务的思想贴心坎儿

你别看就那么两间小门脸儿,
你别看屋子不大点儿,
你别看设备不起眼儿,
售货员为人民服务的思想贴心坎儿。
有火柴,有烟卷儿,
有背心儿,有裤衩儿,
有手电、蜡烛、盘子、碗儿,
有刀子、勺子、小饭铲儿。
起个早儿,贪个晚儿,
买什么都在家跟前儿。

* 年轻人儿办喜事儿

年轻人儿,办喜事儿,
买红纸儿,剪喜字儿。
贴对联儿,挂红穗儿,
拍照片儿,要大个儿。
买家具,要新式儿,
屋里的东西都成对儿。
床上撒满枣儿,
地下撒满豆儿。
新郎懂规矩,
新娘会办事儿,
双方父母眼睛乐成一条缝儿。

* 奶奶想说没有劲儿

圆桌儿方桌儿没有腿儿,
墨水瓶儿里没墨水儿。
花瓶儿里有花儿没有叶儿,
练习本儿写字儿没有准儿。
甘蔗好吃尽是节儿,
西瓜挺大没有味儿。
坛儿里的小米儿长了虫儿,
鸡毛掸子成了棍儿。
水缸沿儿上系围嘴儿,
耗子打更猫打盹儿。
新买的小褂儿不钉扣儿,

奶奶想说没有劲儿。

练字音儿

进了门儿,倒杯水儿,
喝了两口儿运运气儿,
顺手拿起小唱本儿,
唱了一曲儿又一曲儿,
练完嗓子练嘴皮儿。
绕口令儿,练字音儿,
还有单弦儿牌子曲儿,
小快板儿,大鼓词儿,
越说越唱越带劲儿。

一个老头儿

一个老头儿上山头儿,
上了山头儿砍木头儿,
砍了这头儿砍那头儿。
对面来了个小丫头儿,
给老头儿送来一盘儿小馒头儿。
没留神撞上一块大木头儿,
栽了一个小跟头儿,
撒了一地小馒头儿。

*添情趣儿

留点儿地儿,
放板凳儿。

板凳儿上头摆花盆儿,
小花儿开得正起劲儿。
茶几儿上边儿放鱼缸儿,
里边儿养着小金鱼儿。
红色儿一对儿,
黑色儿一对儿,
只有花的是单个儿。
屋檐儿挂着蝈蝈儿笼儿,
墙脚儿罐儿里是蛐蛐儿。
小猫儿是家里的小宝贝儿,
围着妈妈玩儿线球儿。
左爪儿一钩,
右爪儿一拨,
线球儿滚到椅子缝儿。

鸡子儿变糖葫芦儿

我们那儿有个王小三儿,
在门口儿摆着一个小杂货摊儿。
卖的是煤油、火柴和烟卷儿,
草纸、豆儿纸,还有关东烟儿。
红糖、白糖、花椒、大料瓣儿,
鸡子儿、挂面、酱、醋和油盐儿,
冰糖葫芦儿一串儿又一串儿,
花生、瓜子儿,还有酸杏干儿。
王小三儿不识字儿,
算账、记账他净闹稀罕事儿。

街坊买了他六个大鸡子儿,
他就在账本儿上画了六个大圆圈儿。
过了两天,人家还了他的账,
他又在圆圈儿上画了一大道儿。
到了年底他又跟人家去讨账要钱儿,
鸡子儿的事儿早就忘到脑后边儿。
人家说:"我们还了账。"
他说人家欠了他一串儿糖葫芦儿,
没有给他钱儿。

莲花儿灯

莲花儿灯,莲花儿灯,
今儿个点了明儿个扔。

两个小孩儿

有个小男孩儿,
穿着蓝小褂儿,
拿着小竹鞭儿。
有个小女孩儿,
头上戴着花儿,
脸上俩酒窝儿,
梳着俩小辫儿,
提着小竹篮儿。
俩人儿手拉手儿,
唱着牧牛歌儿,
牵着牛,提着篮儿,

走到青青柳林边儿。
你割青草我装篮儿，
割了一篮儿又一篮儿。

*二春儿当老师

大婶儿的儿子叫二春儿，
二春儿的女友叫银铃儿。
二春儿和银铃儿，
想在村儿里干点事儿。
银铃儿考了个驾驶本儿，
二春儿考了个教师上岗证儿。
二春儿教书没挑头儿，
教唱歌儿，教画画儿，
教算术，教语文儿，
教语文儿，读课文儿，
抑扬顿挫挺有味儿。
拿小棍儿教写字儿，
一横儿、一竖儿，
一撇儿、一捺儿，
挺入神儿。

到海边儿去遛弯儿

今儿个的天儿真好，
万里无云大晴天儿。
一大早儿，
我就和小王儿俩人儿，

到海边儿去遛弯儿。
啊!这海边儿多美呀!
你看,天连水,水连天,
一眼望不到边儿。
一阵儿阵儿的海风吹来,
凉丝儿丝儿的。
沙滩上大大小小五颜六色的贝壳儿更是迷人,
大个儿的就像是个小花扇儿,
小个儿的就像小纽扣儿那么一丁点儿,
可是那贝壳儿上一道儿道儿的花纹儿,
却是那样清晰。
我们看看这个好玩儿,
就装在口袋儿里,
看看那个也好玩儿,
又装在口袋儿里,
不一会儿,
我们就捡了一口袋儿小贝壳儿和小海螺儿。

* 有个小孩儿缺心眼儿

有个小孩儿缺心眼儿,
不学技术净打短儿。
今儿个帮人卖唱片儿,
明儿个推销塑料花儿。
后儿个又到小饭馆儿,
卖饭、洗菜、刷个盘子碗儿。
今年岁数不大点儿,

日子长了,愁事儿在后边儿。
注:打短儿指打零工。

老婆儿赶小鸡儿

东直门有个老婆儿,
拿着棍儿赶小鸡儿。
西直门有个老头儿,
骑着毛驴儿唱小曲儿。

小哥儿俩

小哥儿俩,红脸蛋儿,
手拉手儿,一块儿玩儿。
小哥儿俩,一个班儿,
一块儿上学唱着歌儿。
学造句,一串串儿,
唱新歌儿,一段段儿,
学画画儿,不贪玩儿。
画小猫儿,钻圆圈儿,
画小狗儿,蹲庙台儿,
画只小鸡儿吃小米儿,
画条小鱼儿吐水泡儿。
小哥儿俩,对脾气儿,
上学念书不费劲儿,
真是父母的好宝贝儿。

*种花儿结豆儿

两个小孩儿种花儿玩,
男孩儿挖坑儿栽花秧儿,
女孩儿端盆儿浇点儿水儿。
今儿个长出两片儿叶儿,
明儿个长出花骨朵儿,
后儿个再看开了花儿。
小花心儿,小花瓣儿,
一串儿一串儿挂满蔓儿。
小风儿溜溜儿一阵阵儿,
秋天结出青青的豆儿。

集体装在心里头儿

小铁头儿,小柱头儿,
学习雷锋有劲头儿。
放学以后捡砖头儿,
跑了东头儿跑西头儿。
捡砖头儿,有说头儿,
送到猪场砌墙头儿。
墙头儿高,高过头,
乐得他俩直点头儿。
人人都夸小哥儿俩,
集体装在心里头儿。

乐得我天天儿合不上嘴儿

乐得我天天儿合不上嘴儿,
忙得我早晚歇不了腿儿。
东家请我描花样儿,
西院让我挑桶水。
老太太短不了我帮忙儿,
小孩儿们缠着我讲故事。
哪家婆媳拌了嘴儿,
我还得去当个调停人儿。

北京风味小吃(单弦)

[**曲头**]话说北京城有各种小吃儿,做法奇特有绝门儿,万紫千红是各有各的味儿。有凉儿又有热儿,有块儿又有丝儿。

[**打新春**]您进了小吃儿店,得先来碗豆汁儿,喝豆汁儿离不开那咸菜丝儿,买个焦圈儿它又叫油炸鬼儿,(来吧呀儿呦)又酥又脆颜色像枣皮儿,(依个呀儿呦)刺溜喝了一口,嘿!酸到了脚后跟儿,细一咂摸还有点儿甜不津儿,就一口咸菜丝儿真叫够味儿,(依个呀儿呦)不喝个三大碗,都不愿出门儿。(依个呀儿呦)

[**太平年**]喝完了豆汁儿,您那一扭身儿,爆肚儿锅前那就挤满了人儿,先来一盘儿那牛百叶儿,再来一碟儿爆肚仁儿。那佐料给得多,小碗儿赛过盆儿,又香又美像蹄筋儿。再来碟儿肚领儿葫芦,那蘑菇实心儿,爆肚它还能帮咱们消消食儿。

……

[**南锣北鼓**]豆腐脑儿赛雪花儿,满登登在缸里边儿,用铜片儿勺儿盛进了碗儿。羊肉打卤口蘑渣儿,肉不多,就几块儿,提味儿的可就在,在那点儿烂蒜儿。

……

[**罗江怨**]还有那什锦的元宵、蜜麻团儿、糖耳朵、脆麻花儿,绿豆面炸丸子多加粉头儿,炸豆泡儿煮得透那味儿在里边儿。您边吃边喝,就点烧饼和螺丝卷。栗子面的小窝头,赛金塔光溜溜儿,上面是涂上那一层油儿。

[**白**]咱们说了半天,还有一种主要的食品没介绍哪。还有什么呢?涮羊肉。

[**农民乐**]涮羊肉讲的是白铜锅儿,白锡挂里儿是一边一个环儿,特制小小的拔火罐儿,黑木炭冒过烟儿,噼里啪啦的爆火花儿,锅底儿多放点儿那虾干儿、鲍鱼干儿、麻酱、腐乳和虾油韭菜花儿,酱油、陈醋还有香菜大葱白儿,肉片儿讲的是上脑儿和三叉儿,火锅子正翻花儿,快把那肉片儿放里边儿,又香又嫩味道拔了尖儿。

[**吆喝**]冰糖葫芦儿好大串儿!

[**快书**]冰糖葫芦儿好大串儿,五颜六色的像个大花篮儿。红果儿个个挂金点儿,还有山药酸杏干儿,海棠好像那大沙果儿,黑枣儿黑得像煤渣儿,黄澄澄的是那橘子瓣儿,玫瑰香的葡萄滴溜溜圆儿,大个儿的山楂加豆馅儿,上边用瓜子儿就码成花儿。

[**流水板**]我一言唱不尽,北京城各种小吃儿说来不下几十样儿,它好像朵朵小花儿开满了枝儿,欢迎您亲口品尝方知其味儿,管保您满腹而归,您是面带笑纹儿。

喜逛大栅栏儿(单弦)

[**曲头**]前门外头大栅栏儿,里边儿的铺面有百十家儿。门脸儿面对着门脸儿,房檐儿连着房檐儿,东西长街一条线儿,这边粮食店,那边煤市街,并排都是老字号,历史悠久卖的是名牌儿。

[**画扇面**]山东的八大样,买卖够标杆儿,大栅栏儿的瑞蚨祥,可称是头一家儿,绫罗绸缎纺绉纱,有本色儿有各色的花儿,又有棉来又有单儿,千姿百媚望不到边儿。买帽子请您到马聚源,那草帽儿带花边儿。同乐改成了全景电影院,门框儿胡同小吃摊儿、爆肚儿、年糕、蜜麻花儿,想喝碗豆腐脑儿,您去找白把儿。

[**太平年**]那同仁堂是独一家儿,康熙年开的业有三百多年儿,地道的药材言无二价,自制的丸散膏丹样样儿都拔尖儿。宫廷用药有专做的贡匣儿,得送到太医院审核盖戳儿,怕得是万岁爷吃错了药,他满嘴说胡话,这金口玉言可不是闹着玩儿。

[**帮子佛**]有个张掌柜穷得打了闲儿,全部财产就剩了一元钱儿。撞大运(呐)他买了一张黄河大彩券儿(呀呵嘿),中了个头等奖,发财有了钱儿,开了个茶叶庄,起名叫张一元儿,他专卖(呐)红绿花茶和各种的茶叶罐儿。

[**怯快书**]大栅栏儿东口儿粮食店,六必居的酱咸菜您得去尝鲜儿。有酱黄瓜、银条卤虾小菜儿、水疙瘩、苤蓝、甜酱瓜儿、小酱萝卜儿、青椒、酱缸萎儿、茄子包儿、红根儿香椿芽儿、大扁儿的杏仁儿、花生豆儿、佛手、糖蒜、韭菜花儿、甜面酱、黄酱、豆豉瓣儿、酱油、陈醋、萝卜干儿。那臭豆腐的坛子一打盖

儿,噌!就这味儿一直熏到了王府井儿,又拐了三道弯儿。

[**流水板**]兴冲冲逛了一趟大栅栏儿,我心情激动出东口儿,奔那前门箭楼儿,登上台阶儿望四方,高楼耸耸白云飘飘头顶蓝天,云中的白鸽快似小燕儿。看北京一日千里欣欣向荣,春满大地,明朗的天。北京城民间习俗您已感受一大半,敬请您继续观察了解全盘。

北京人儿(单弦)

[**曲头**]三弦儿一响真带劲儿,我们唱一唱,热情风趣的北京人儿。老北京,一辈儿一辈儿,居住在小市儿、城根儿。爱吃家常炸酱面,早点最爱喝豆汁儿。人情来往讲个老礼儿,大杂院儿里爱串个门儿,婚丧嫁娶出份子儿,来了些个七大姑八大姨儿。讲究世交好几辈儿,不喜欢搬家出远门儿。这些个都是过去的事儿,要是哪位老北京离家二十年再回来呀,怎么样哪?保证您是找不着家门儿。

[**打新春**]改革开放,鸣汽笛儿,北京人儿都是那聪明的人儿,在首都习惯接受新鲜事儿,(依个呀儿呦)咱们得跟得上时代车轮儿。(依个呀儿呦)

[**太平年**]先说穿衣裳,那个五花八门儿,姑娘们,夏津天儿,穿衣露肚脐儿。什么整容、美发、吸脂、减肥,可真叫下本儿,还有种细跟鞋,一不留神踩进那井盖儿眼儿里头,哎哟!还得现拔跟儿!老人心不老,活动爱扎堆儿,敢穿红,敢穿绿,也不怕不合群儿。打门球儿,扭秧歌儿,自个儿找乐儿,你们年轻人不是露肚脐儿吗?我七十多岁老太太给你点儿颜色看看——我抹了一个红嘴唇儿!

[**罗江怨**]要吃饭仍习惯北京的风味儿,节假日更喜欢到

饭馆儿聚齐儿。一来是省事儿,二来是随心儿,一家人儿老少三辈儿,撮上一顿儿!要讲究饭菜可口儿,更提倡营养宜人儿。要多吃蔬菜瘦肉、鱼类和虾仁儿,都懂得科学配餐,长命百岁儿!

[怯快书]说完了吃穿,咱们再说住的地儿,从平房到楼房,也不知上了多少台阶儿!明亮宽敞可真够份儿,厨房厕所实在是方便了老年人儿。过去说"楼上楼下电灯电话",如今这梦想可成了真事儿,可就是不知对门儿住的是什么人儿。家家儿铁门都防盗,这别扭的是,这老街坊一年到头儿也不来串个门儿!好在是我们社区有空地儿,还有草坪和树荫儿。运动器械帮助活动腰和腿儿,凑一块儿,聊聊养鸟还有那金鱼儿。也有的老人订报看时事儿,张口"峰会",闭口"微软",一嘴的新名词儿!要说起老有所乐可真带劲儿,八十八岁张大爷听着MP3喝着小酒儿,吃的是苹果派外带花生仁儿!

[流水板]你别看,故宫、北海、鼓楼、天坛这些个古迹,历尽沧桑没动地儿,它们迎来了与时俱进的北京人儿。老北京,古朴的民风开口称"您"。儿化韵,特别具有那人情味儿。新生代,男孩儿女孩儿意识超前,个个都是那弄潮儿。我们人人儿都有那驾驶本儿,有车族也不一定都是那有钱的人儿。各种手机简直快成了小孩玩意儿,老大娘炒股、上网也不成问题儿。北京人算想开喽,老板儿出国旅游这也不算新鲜事儿,要看一看泰国的美人儿、巴黎的铁塔、大英帝国的那个小伦敦儿。老北京把五洲游人吸引到这儿,新北京把和谐曲儿唱进了自己的家门儿。醉人的京腔、迷人的京韵,文明古都,多情京味儿,希望大家都喜欢咱热情好客的北京人儿。

二、轻声

汉语普通话中,每个音节都有自己的声调,但当一个音节进入一个词、一句话时,有时会失去原有声调,而读成一个较轻、较短的调子,这就是轻声。例如"璃",本应读阳平,但在"玻璃"这个词中就失去了原来的声调,读得比"玻"轻得多,成为一个发音又轻又短的轻声音节。

(一)轻声的作用

1. 区别词义

东西(dōng xī):方位名词,指东边和西边。

东西(dōng xi):名词,泛指各种具体的或抽象的事物。

2. 区别词性

地道(dì dào):名词,指在地面下掘成的交通坑道(多用于军事)。

地道(dì dao):形容词,指真正的、纯粹的,或工作、材料的质量实在、够标准。

大意(dà yì):名词,指主要的意思。

大意(dà yi):形容词,指疏忽、不注意。

(二)轻声的音变规津

(1)"呀、呢、啦、吗、哪、吧"等语气词

真的呀　是吗　好哇　干什么呢　开门哪　快去吧

(2)助词"的、地、得""着、了、过"

悄悄地　好得很　来了　去过　他的　读着　走了

(3)名词后缀"子、头",形容词后缀"实"

孩子　刷子　脚丫子　丫头　石头　好兆头　老实　踏实

(4)用在动词后边的趋向动词、方位词

活过来　笑起来　补上　外头　上边　地下　家里　桌上

(5)重叠式名词、动词的第二个音节

星星　叔叔　姐姐　妈妈　跑跑　看看　练练　尝尝

(6)做宾语的人称代词

说他　叫他　打我　骂你　给他　送他　不服你

(7)部分常用双音词的第二个音节

知识　月亮　太阳　学生　商量　凉快　溜达　糊涂

(三)轻声的练习

*"了"字歌

黑了,累了

孩子睡了。

给了,退了,

不给,对了。

喂了,嘴了,

跑断腿了。

摔了脆了,

镯子碎了。

买了,贵了,

赔了,悔了。

卖的赚了,
买的亏了,
肥了鬼了,
回来,退了。

打南边儿来了个瘸子

打南边儿来了个瘸子,
手里托着个碟子,
碟子里装着个茄子。
地下钉着个橛子,
绊倒了拿碟子的瘸子,
撒了碟子里的茄子。
气得瘸子撇了碟子,
拔了橛子,踩了茄子。

比包饺子

一个大嫂子,一个大小子,
坐在一块比包饺子。
不知是大嫂子包的饺子不如大小子,
还是大小子包的饺子不如大嫂子。

天上日头

天上日头,
嘴里舌头,
地上石头,
桌上馒头,

手掌指头。

屋子里有箱子

屋子里有箱子,
箱子里有匣子,
匣子里有盒子,
盒子里有镯子。
镯子外面有盒子,
盒子外面有匣子,
匣子外面有箱子,
箱子外面有屋子。

胡子和驼子

有个胡子,骑着骡子。
有个驼子,挑着螺蛳。
胡子骑的骡子撞翻了驼子挑的螺蛳,
挑螺蛳的驼子拦住了骑骡子的胡子,
要骑骡子的胡子赔他挑的螺蛳。
胡子下了骡子,
替驼子拣起了螺蛳。
驼子挑起了螺蛳,
扶着胡子骑上了骡子。

* 做买卖

买卖人做买卖,
买卖不公没买卖,

没买卖没钱做买卖。
买卖人做买卖得实在，
买卖不成仁义在。

＊ 胡立虎

葫芦胡同儿胡立虎，
晚上睡觉打呼噜。
睡到半夜一糊涂，
隔着窗户掉外头。
护着屁股不护头，
胡噜块砖头当枕头，
呼噜呼噜接着睡，
一觉糊弄到正晌午。

喇嘛和哑巴

打南边来了个喇嘛，
手里提拉着五斤鳎目。
打北边来了个哑巴，
腰里别着个喇叭。
南边儿提拉鳎目的喇嘛，
要拿鳎目换北边儿别喇叭的哑巴的喇叭。
哑巴不乐意拿喇叭换提拉鳎目的喇嘛的鳎目，
喇嘛非要拿鳎目换别喇叭的哑巴的喇叭。
喇嘛抡起鳎目抽了别喇叭的哑巴一鳎目，
哑巴摘下喇叭打了提拉鳎目的喇嘛一喇叭。
也不知是提拉鳎目的喇嘛抽了别喇叭的哑巴几鳎目，

还是别喇叭的哑巴打了提拉鳎目的喇嘛几喇叭。
只知道喇嘛气得回去炖鳎目,
哑巴气得嘀嘀嗒嗒吹喇叭。

大大伯家和二大伯家的狗

南边来了他大大伯家的大夯拉尾巴大夯拉耳朵狗,
北边来了他二大伯家的二夯拉尾巴二夯拉耳朵狗。
他大大伯家的大夯拉尾巴大夯拉耳朵狗,
咬了他二大伯家的二夯拉尾巴二夯拉耳朵狗一口。
他二大伯家的二夯拉尾巴二夯拉耳朵狗,
也咬了他大大伯家的大夯拉尾巴大夯拉耳朵狗一口。
不知是他大大伯家的大夯拉尾巴大夯拉耳朵狗,
先咬了他二大伯家的二夯拉尾巴二夯拉耳朵狗。
还是他二大伯家的二夯拉尾巴二夯拉耳朵狗,
先咬了他大大伯家的大夯拉尾巴大夯拉耳朵狗。

冰糖葫芦儿

都说冰糖葫芦儿酸,酸里面它裹着甜。
都说冰糖葫芦儿甜,可甜里面它透着酸。
冰糖葫芦儿好看它竹签儿穿,象征幸福和团圆。
把幸福和团圆连成串儿,没有愁来没有烦。
站得高你就看得远,面对苍山来呼唤。
气也顺那个心也宽,你就年轻二十年。
冰糖葫芦儿好看它竹签儿穿,象征幸福和团圆。
把幸福和团圆连成串儿,没有愁来没有烦。
都说冰糖葫芦儿酸,酸里面它裹着甜。

都说冰糖葫芦儿甜,可甜里面它透着酸。
山里红它就滴溜溜的圆,圆圆葫芦儿冰糖儿连。
吃了它治病又解馋,你就年轻二十年。
都说冰糖葫芦儿酸,酸里面它裹着甜。
都说冰糖葫芦儿甜,可甜里面它透着酸。
冰糖葫芦儿好看它竹签儿穿,象征幸福和团圆。
把幸福和团圆连成串儿,没有愁来没有烦。
都说冰糖葫芦儿酸,酸里面它裹着甜。
都说冰糖葫芦儿甜,可甜里面它透着酸。
冰糖葫芦儿好看它竹签儿穿,象征幸福和团圆。
把幸福和团圆连成串儿,没有愁来没有烦。
都说冰糖葫芦儿酸,酸里面它裹着甜。
都说冰糖葫芦儿甜,可甜里面它透着酸。

三、变调

音节在语句中连读时,由于受相邻音节的声调影响而发生声调变化的现象叫变调。普通话中的变调规律主要体现在上声变调、去声变调、"一""不"变调。

(一)"一"的变调

当"一"单独使用时不变调,仍读阴平。"一"在句尾时,也不变调,读阴平。另外,"一"在作序数时不变调,读阴平。

"一"的变调有三种情况:
(1)在去声字前,变为阳平。

一样 一个 一共 一路 一夜 一致 一再 一味

(2)在非去声(阴平、阳平、上声)字前,变为去声。

一天　一条　一尺　一斤　一团　一口　一起　一心

(3)夹在重叠式动词之间,变轻声。

想一想　问一问　暖一暖　换一换　试一试　拍一拍

＊山寺僧人

一山一寺一老僧,
一盏青灯一部经,
一个木鱼一口磬,
晨钟暮鼓侍神明。

＊家乡饭

一个盘子一张饼,
一张饼上一棵葱,
大葱蘸酱家乡饭,
一蘸一卷蕴乡情。

一字诗

〔清〕纪晓岚

一篙一橹一渔舟,
一个渔翁一钓钩。
一拍一呼又一笑,
一人独占一江秋。

一字诗
〔清〕陈沆

一帆一桨一渔舟,
一个渔翁一钓钩,
一俯一仰一场笑,
一江明月一江秋。

一字诗
〔清〕何佩玉

一花一柳一鱼砚,
一抹斜阳一鸟飞。
一山一水一禅寺,
一林黄叶一僧归。

一个大一个小

一个大一个小,
一件衣服一顶帽。
一边多一边少,
一打铅笔一把刀。
一个大一个小,
一个西瓜一颗枣。
一边多一边少,
一盒饼干一块糕。
一个大一个小,
一头肥猪一只猫。

一边多一边少,
一群大雁一只鸟。
一边唱一边跳,
大小多少记得牢。

* 关公庙

一九一一年一月十一这一天,
一个老人爬上山。
山上一座关公庙,
关公像前一个盘一个碗,
一个香炉摆中间。
关公像前拜一拜,
上一盘瓜,敬一碗酒,
一炷香馨绕梁间。
一世英名人敬仰,
人中英雄,心中的山。

三个人一起出大力

一二三,三二一,
一二三四五六七,
七六五四三二一。
一个姑娘来摘李,
一个小孩儿来摘栗,
一个小伙儿来摘梨。
三个人一起出大力,
收完李子栗子梨,

一起拉到市上去赶集。

一心一意

干什么工作都要一心一意，
表里如一，
言行一致，
埋头苦干。
情绪不能一高一低，
一好一坏，
一落千丈，
一蹶不振。

(二)"不"的变调

"不"字本为去声。单独使用或在句尾使用，都读去声，不变调。"不"在非去声字(阴平字、阳平字、上声字)前，也读去声，不变调。什么情况变调呢？
(1)在去声字前，"不"变为阳平。
不要　不是　不去　不顾　不问　不动　不笑　不当
(2)夹在两个相同的动词或形容词中间，或夹在动词和补语之间时，"不"变为轻声。
要不要　冷不冷　沉不沉　坏不坏　走不动　吃不饱　端不住

交公粮

王老汉手拿一根不长不短的鞭子，
赶着一辆不新不旧的大马车，

拉着满车只多不少的公粮,
奔驰在一条不宽不窄的大道上。
到了粮库门口儿,
他不慌不忙地停下了那辆不新不旧的大马车,
不声不响地放下了那根不长不短的马鞭子,
不遗余力地扛起一包包的公粮,
不高不低地哼着丰收小调儿,
把只多不少的公粮送进了国家的大仓库。

*"不"字歌

好不好的尝一口,
美不美的瞅一瞅。
干不了的别接手,
掏不起钱别装牛。
亲不亲的是兄弟,
想不想的是朋友。
走不走,留不留,
就看心里有没有。

冬冬打碎一个花瓶儿

冬冬打碎一个花瓶儿,
爸爸见了不言不语,
妈妈见了不慌不忙,
冬冬心里一落一起。
他说:"花瓶打碎不是故意。"
妈妈说:"所以不批评你。"

爸爸说:"不过以后要注意。"
冬冬心里的石头,这才算落地。
他说:"以后再不粗心大意。"
爸爸说:"要从不管不顾改起。"
全家一说一笑,
解决冬冬一个大问题。

一个老僧一本经

一个老僧一本经,
一句一行念得清。
不是老僧爱念经,
不会念经当不了僧。

四、"啊"的音变

语气词"啊"放在句子前面,单独使用时,仍读本音,不发生音变。

当"啊"进入语流,特别是用在语句末尾,和前边的音节连读时,由于受到前面一个音节最后一个音素发音的影响,就会发生音变现象。

(1)前面一个音节的最后一个音素是 a、uo、o、e、ê、i、ü 时,啊读作 ia(呀)。

他应该受到惩罚啊!
你应该当面对他说啊!
她是我婆婆啊。
你这么怕蛇啊!

你说邪不邪啊?

这老头儿真倔啊!

早上坐地铁真挤啊!

我没想到今天会下雨啊!

(2)前面一个音节的字尾是前鼻音 n 时,"啊"读作 na。

你看啊,他画起画儿来多入神啊!

(3)前面一个音节的字尾是后鼻音 ng 时,"啊"读作 nga。

以后你别再抽烟了,行不行啊?

你这样做可不应当啊。

咱们往东啊?

(4)前面一个音节的尾音是 ao、u 时,"啊"读作 ua。

你好糊涂啊!

这种事在我们那儿也不少啊!

(5)前面一个音节的尾音是-i(前)时,"啊"读作 za。

一次啊,两次啊,别人可以原谅。

过节了,儿子啊、孩子啊,都回来了。

(6)前面一个音节的尾音是-i(后)时,"啊"读作 ra。

你这样做多不值啊!你说是不是啊?

你怎么不吃啊?

她是我小学的老师啊!

(7)前面一个音节的尾音是卷舌音 er 或儿化音时,"啊"读作 ra

我的儿啊,你就听点儿话吧!

你哪儿捡的小木棍儿啊?

这也叫事儿啊?

鸡、鸭、猫、狗

鸡啊、鸭啊、猫啊、狗啊,
一块儿在水里游啊!
牛啊、羊啊、马啊、骡啊,
一块儿进鸡窝啊!
狼啊、虎啊、鹿啊、豹啊,
一块儿在街上跑啊!
兔儿啊、鼠儿啊、虫儿啊、鸟儿啊,
一块儿上窗台儿啊!
天啊、地啊、风啊、雨啊,都得穿暖和啊!

张果老

啪!啪!啪!
你是谁啊?
我是张果老啊!
你怎么不进来啊?
我怕被狗咬啊!
你兜儿里装的是什么啊?
装的大酸枣儿啊!
你怎么不吃啊?
我怕牙酸倒啊!
胳肢窝里夹的是什么啊?
一件破棉袄啊!
你怎么不穿啊?
我怕虱子咬啊!

怎么不叫你老伴儿拿啊?
老伴早死了!
你怎么不哭啊?
盆儿啊!罐儿啊!
我的亲老伴儿啊!

第六单元 吐字归音、用气发声综合练习

一、吐字归音

吐字归音讲究字音清晰、准确、完整、饱满、送达力强、传送效果好。字音是声音的基础。练习时,应注意音节发音过程中的不同阶段有不同的要求。字头的发音阶段称为出字,字腹的发音阶段称为立字,字尾的发音阶段称为归音。

(一)出字

出字指字头的发音阶段。字头指一个字音的声母,或声母加韵头。出字要求气息饱满,声母成阻着力位置要准确,除阻时喷弹有力、干净利索。要注意韵头唇形的圆展。在实际发音中,字头与韵头关系更紧密,如"jiāo(交)"中的"ji"、"zhuāng(庄)"中的"zhu"。没有韵头的,声母与音节中第一个元音拼合关系更紧密。如"bāo(包)"没有韵头,那么其中的 ba 拼合关系非常紧密。韵头决定字头的唇形。

(二)立字

出字之后转入字腹的发音,立字是指对字腹发音的要

求。字腹是一个字音中口腔开度最大的主要元音,字腹发得充分,整个字音才会响亮、饱满。同时,字腹也是展现字调的主要阶段。立字要求字腹发音拉开、立起。

(三)归音

最后,由字腹的发音进入字尾的发音,这也是整个音节发音的归音阶段。字尾发音很短,字尾的发音要趋向鲜明。如"沟(gōu)",字尾是u,口形必须由字腹o迅速收拢为u,舌根向上抬,归音到位。如果字尾唇舌松懒,或发音方向不清、尾音拖沓,整个字音就会模糊。

吐字归音包括出字、立字、归音三个阶段,这三个阶段是一个完整、连贯的过程,不能生硬地把发音分解成三截。

另外,在吐字归音练习时要特别重视声调问题。声调不仅使汉语发音富有音乐般的美感,而且有区别字义的作用,所以字调被称为"字神"。声调练习注意把握以下四点:(1)声调贯穿音节始终;(2)主要作用在字腹上;(3)根据"五度标记法",掌握声调的调值和调形;(4)当音节进入语流后,还需注意语流音变的问题。

二、用气发声

播音员主持人发音时,字音要规范、清晰,声音要圆润、集中、富有弹性,收放自如,做到这些,需要经过科学的用气发声训练。

(一)气息训练

人的语言活动离不开声音的支持,而发出声音的动力则是气息。从肺呼出的气流经过支气管、气管到达喉部,在喉部冲击声带引起声带振动,便产生了的声音。经过咽腔、口腔、鼻腔、胸腔等腔体的共鸣,声音得到扩大和美化。在口腔中经过唇、舌、齿、腭各咬字器官的协同配合,声音就变成了字音。"气动声发""气者,音之帅也"说明了气息和吐字发声有密不可分的关系。

日常生活中,人们的呼吸用声状态无法满足广播电视播音主持等工作的需要,因此播音员主持人需要进行气息训练。气息训练需要注意以下几点:

(1)调整心态。"兴奋从容两肋开,不觉吸气气自来。"练功时,既要积极、主动、热情,又要兴奋从容,身心放松,双肩舒展,两臂自然下垂。先做几次深呼吸稳定情绪,使呼吸畅通。不能提着气,把气憋在嗓子眼儿。吸气要深,送气要匀。

(2)增加肺活量,增强控制气息的能力。气要吸得深、吸得多,还要在体内控制得住。不能只浅浅地吸进一点,一张嘴就跑了。练习绕口令,可以帮助我们锻炼吸气肌肉群的力量,增强吸气和控制气息的能力。

(3)练习慢吸慢呼、快吸快呼、快吸慢呼等各种呼吸方式。重点锻炼最常用的快吸慢呼。

(4)掌握气口。呼吸能力再强的人也不可能一口气念完一篇文章、朗诵完一首诗,中途必须吸气、换气。但在什么地方换气是有讲究的。适合换气的地方,我们称为"气口"。有些人一口气冲到哪儿就在哪儿换气,有些人根据自己的习惯七字一停、八字一吸,这样换气必然容易破坏内容的连贯和完整。不破坏语法关系、保证语意的连贯完整,是设置气口的基本原则。语句停顿的正确位置,常常可以做换气的气口。

另外,还要处理好气口与呼吸形式的配合。说话有快有慢、情绪有起有伏、语句间的停顿时间有长有短,因此换气时间的长短、快慢处理也不同。《数旗》《数葫芦》《满天星》《一树枣》等,不仅可以锻炼肺活量、练习呼吸控制,还可以练习快吸、抢气、偷气、就气等换气方式。

(5)学习胸腹联合式呼吸法。胸腹联合式呼吸训练要领:吸气时,小腹收,两肋开,在意念中将气吸到肺的底部,使肺四周充盈起来。呼气时,气息稳劲、持久、变化自如。

胸腹联合式呼吸的优点在于:进气多、补气快、吸气深;可以利用两肋间、小腹的呼吸肌肉群,有效地控制呼吸。既可以使最常用的实声、中声区得到充分的气息支持,也便于随语言内容、情感变化,自如地变换气息形式,进而使声音大小、长短、强弱、虚实、刚柔、明暗的变化得到体现。

(二)声音训练

有声语言工作者在吐字归音、用气发声训练的基础上,必须加强声音训练。声音好坏受先天条件的制约,但后天坚持不懈、循序渐进的科学训练,可以提高声音质量。

声音训练的要点:

(1)以情带声。

(2)声音集中、响亮、圆润。

(3)声音有弹性,收放自如。

(4)声音有高低、大小、刚柔、明暗、虚实等变化。

新年贺词(贯口)

一马平川,二龙戏珠,
三阳开泰,四通八达,
五彩缤纷,六六大顺,
七星捧月,八面玲珑,
九霄云外,十分开心。

数 旗

广场上,飘红旗,
看你能数多少面旗。
一面旗,两面旗,三面旗,四面旗,
五面旗,六面旗,七面旗,八面旗,
九面旗,十面旗,十一面旗,十二面旗,十三面旗……

一树枣儿

出东门,过大桥,
大桥底下一树枣儿。
拿着竿子去打枣儿,
青的多,红的少。
一个枣儿、两个枣儿、三个枣儿、
四个枣儿、五个枣儿、六个枣儿、
七个枣儿、八个枣儿、九个枣儿、
十个枣儿、九个枣儿、八个枣儿、
七个枣儿、六个枣儿、五个枣儿、
四个枣儿、三个枣儿、两个枣儿、一个枣儿。

这是一个绕口令,
一口气说完才算好。

数葫芦

一口气数不了二十四个葫芦四十八块瓢。
一个葫芦两块瓢,
两个葫芦四块瓢,
三个葫芦六块瓢,
四个葫芦八块瓢,
五个葫芦十块瓢,
六个葫芦十二块瓢,
七个葫芦十四块瓢,
八个葫芦十六块瓢,
九个葫芦十八块瓢,
十个葫芦二十块瓢,
十一个葫芦二十二块瓢,
十二个葫芦二十四块瓢,
十三个葫芦二十六块瓢,
十四个葫芦二十八块瓢,
十五个葫芦三十块瓢,
十六个葫芦三十二块瓢,
十七个葫芦三十四块瓢,
十八个葫芦三十六块瓢,
十九个葫芦三十八块瓢,
二十个葫芦四十块瓢,
二十一个葫芦四十二块瓢,

二十二个葫芦四十四块瓢，
二十三个葫芦四十六块瓢，
二十四个葫芦四十八块瓢。

满天星

天上看，满天星，
地下看，有个坑，
坑里看，有盘冰。
坑外长着一老松，
松上落着一只鹰，
松下坐着一老僧，
僧前点着一盏灯，
灯前搁着一部经，
墙上钉着一根钉，
钉上挂着一张弓。
说刮风就刮风，
刮得那男女老少难把眼睛睁。
刮散了天上的星，
刮平了地下的坑，
刮化了坑里的冰，
刮倒了坑外的松，
刮飞了松上的鹰，
刮走了松下的僧，
刮灭了僧前的灯，
刮乱了灯前的经，
刮掉了墙上的钉，

刮翻了钉上的弓。
只刮得：
星散、坑平、冰化、松倒、
鹰飞、僧走、灯灭、经乱、
钉掉、弓翻的一个绕口令。

数青蛙

一只青蛙一张嘴，
两只眼睛四条腿，
扑通一声跳下水。
两只青蛙两张嘴，
四只眼睛八条腿，
扑通、扑通，两声跳下水。
三只青蛙三张嘴，
六只眼睛十二条腿，
扑通、扑通、扑通，三声跳下水。
四只青蛙四张嘴，
八只眼睛十六条腿，
扑通、扑通、扑通、扑通，四声跳下水。
五只青蛙五张嘴，
十只眼睛二十条腿，
扑通、扑通、扑通、扑通、扑通，五声跳下水。

＊ 数城门

到北京，进城门，
皇城门、内城门、外城门，

总共二十二个大城门。
天安门、地安门,
东安门、西安门,
正阳门是前门,
崇文门、宣武门,
安定门、德胜门,
东直门、西直门,
朝阳门、阜成门,
建国门、复兴门。
外城还有永定门,
左安门、右安门,
广渠门、广安门,
东便门、西便门。
走过二十二个大城门,
您就算把北京逛遍了!

画不尽的丰收画儿

渠水如银龙,
库水碧又清,
灌田、养鱼又发电,
小康生活美画卷。
渠水流到田地里,
灌出了粒大饱满的小麦、水稻、
高粱、芝麻、绿豆、老玉米。
库水养肥了活蹦乱跳的青鱼、鲢鱼、
草鱼、鲫鱼、鳜鱼、大鲤鱼。

抽水机的皮带轮子哒哒哒,
渠里的流水哗哗哗,
老玉米猛长嚓嚓嚓,
老爷爷抽烟叭叭叭,
小孙子笔下唰唰唰。
看不完的幸福景,
画不尽的丰收画儿。

豆油灯

我家有一盏豆油灯,
妹妹拿起就要扔。
还说从今点电灯,
再也不用豆油灯。
奶奶赶忙拉住她,
不让妹妹点了电灯就扔豆油灯。
妹妹问:"点电灯要比点豆油灯亮,
点豆油灯哪有点电灯明,
为什么有了电灯还留着豆油灯?"
奶奶说:"点电灯是比点豆油灯亮,
点豆油灯当然没有点电灯明,
可看见豆油灯就能想起过去的苦,
大干四化力量增。"
妹妹听了奶奶的话,
看看电灯又看豆油灯,
电灯油灯闪闪明,
照得心里红彤彤。

蛐蛐儿吹牛皮

墙头儿高,墙头儿低,
墙旮旯儿有对儿蛐蛐儿吹牛皮。
大蛐蛐儿说:
"昨儿个我吃了两只花不棱登的大老虎。"
小蛐蛐儿说:
"今儿个我吃了两头灰不溜秋的大叫驴。"
大蛐蛐儿说:
"我在南山爪子一抬,
踢倒了十棵大柳树。"
小蛐蛐儿说:
"我在北海大嘴一张,
吞了十条大鲸鱼。"
这两个蛐蛐儿正在吹牛皮,
扑愣愣打东边飞来一只芦花大公鸡。
你看这只公鸡有多愣,
尖嘴"哆"的一声吃了这只小蛐蛐儿。
大蛐蛐儿一看生了气,
它龇龇牙,捋捋须,
一抻腿,唉!它也喂了鸡!

望星空满天星

望星空,满天星,
光闪闪,亮晶晶,
好像那,小银灯。

大大小小,密密麻麻,
闪闪烁烁,数也数不清。
仔细看,看分明,
原来那群星分了星座还起了名。
按亮度,分了等,
一等、二等、三等、四等、五等、六等,
一共分六等,
谁最亮,是一等,
谁最暗,是六等。
一等到六等,
总共不过六千九百多颗是恒星。
星空中,
还看见那大行星和卫星、小行星和彗星。
更有那无数无名点点繁星看不清。
要想看清它,
请你借助现代化的天文望远镜。

一是个一

一是个一;
一二、二一,还是个一;
一二三、三二一、二一,还是个一;
一二三四、四三二一、三二一、二一,还是个一;
一二三四五、五四三二一、四三二一、三二一、二一,还是个一,
一二三四五六、六五四三二一、五四三二一、四三二一、三二一、二一,还是个一;

一二三四五六七、七六五四三二一、六五四三二一、五四三二一、四三二一、三二一、二一，还是个一；

一二三四五六七八、八七六五四三二一、七六五四三二一、六五四三二一、五四三二一、四三二一、三二一、二一，还是个一；

一二三四五六七八九、九八七六五四三二一、八七六五四三二一、七六五四三二一、六五四三二一、五四三二一、四三二一、三二一、二一，还是个一；

一二三四五六七八九十、十九八七六五四三二一、九八七六五四三二一、八七六五四三二一、七六五四三二一、六五四三二一、五四三二一、四三二一、三二一、二一，还是个一。

山连山山绕山山山不断山套着山

一轮红日从东方升起，要看日出您去东岳登泰山。我们祖先发源地，黄河河套南，陕西西岳是华山。北岳恒山就在那浑源县。南岳衡山在湖南。河南省古代本是中原地，登封县有座中岳是嵩山。

首都北京城里有景山，北京城外东西南北全有山。京南周口店，北京人头骨发现就在那龙虎山，京北小汤山有温泉，京东蹒跚鸭鸡山，首都发电厂就在京西石景山。

黄河发源在青海，昆仑山脉雅拉达泽山，祁连山脉紧接着贺兰山，万里长城建筑在上边，八达岭居庸关，燕京八景天下传。工业重地是大西北，钢铁厂、制糖厂，要去包头路过那黑绿斑斓的大青山。

在山西省有个解梁县，倒有一座中条山，山里的泉水流不断,聚成了大池在山前,池里的水能晒出质量高味道美、驰名全国的好食盐,您别看山西省离海远,管保您炒什么菜,调和五味不缺盐。大同西北是云冈,云冈石窟元朝的石佛像錾刻在里边,自从北魏开始经过了隋唐到五代,五代的艺术杰作,石刻在那龙门山、麦积山、宝顶山,唐宋雕刻真灿烂,敦煌壁画看飞天。

陕西省终南山,汉水上游武当山,往西不远的关中八景太白山,华清池水温暖,风景关是黎山。延安历史为古城,宝塔山凤凰山离城不远,清凉山陕甘边境,子午岭密密匝匝的森林广无边,山杏白松虎榛子,油松杜梨黄刺儿梅,一层层生长在崂山。陕甘公路化家岭,中间路过六盘山,宝成铁路上了秦岭,秦岭的高峰下有座观音山。

阿尔泰山我国的尽西北,红松大森林天产好富原。甘肃兰州皋兰山,还有一座五泉山。出兰州顺着祁连山又往西走,不远就可以到酒泉,玉门油矿在那边。您要去戈壁沙漠地,远远地望见了鸣沙山,修筑了兰新大铁路,通火车真方便。

新疆帕米尔高原北边是天山,山上它终年不化冰和雪,白花花的山峰冲霄汉。长江的发源地,青海昆仑山,昆仑山北山下有个格尔木农场紧靠着山,山上流下了冰雪水,利用它来浇麦田,有农业区,有牧业区。中间隔着一条山,这条山叫日月山。青海的古语说得好,过了日月山,另是一重天。

柴达木盆地有座油沙山,大量的石油埋藏就在那油沙山里边。地球上的高山真不少,可再也高不过去我国这一座山,珠穆朗玛峰,世界屋脊它就在那喜马拉雅山。在西藏偏西南,四季如春天气暖,森林药材和水果,藏红花、藏青果,天然的金银煤铁矿,埋藏就在那龙岭山。在康藏公路上,有折多山巧儿山,赫赫有名的二郎山,白云弥漫这个雪景真好看,景色光辉颜色鲜。

我说了些个山,我道了些个山,山多一时数不完。云南省青山绿水看不尽,珠江它发源在云南。云南大理县有座点苍山,出产大理石,生就的彩色花纹驰名世界真稀罕。昆明城外山不少,有玉泉山、碧遥山、华廷山、太华山,总的名儿叫西山。站在了高山上您看得见,湖光明媚的滇池在眼前。茶花它著名是洱海,碗大的花朵四季鲜艳在苍山。

再往南,大围山、新火山、孔明山,有傣族瑶族苗族少数民族居住在那山里边,矿产丰富,珍禽异兽跑满了山,稀奇的鸟类有几百种,有孔雀画眉茶花鸡,五色的鹦鹉飞飞蹿蹿蹦蹦跳跳跑得欢。

大娄山脉在贵州,乌岭五岭大苗山,有青林山九万山,山产药材五倍子、金银花与黄连,有病吃药不为难。您要吃枇杷果,可以到四川岷山夹金山,满山上到处长着枇杷和雪梨,皮薄水多个大核小味道鲜。动物之中我国的特产小熊猫,川康交界从竹林内繁殖到深山。巫山十二峰长江三峡连接大西南,黄鹤楼它在那武昌蛇山嘴,隔江是汉阳有龟山。九嶷山在湖南省,还有一座那武陵山。

江西省九江有一个景德镇,专门产瓷器,历史倒有几百年。九江离不远,雄伟直立是庐山,大牯岭休养所暑期要休养在里边。东晋时代的大林寺,一片桃林开满了山。江西到福建赣龙铁路通过武夷山,武夷茶芳香适口气味醇,红茶里边它占先。福州山水多秀丽,风景美是鼓山,到处闻到茉莉香,满山苜蓿与白兰,水仙花是闻名全世界,清香优雅是剑兰。笔架山在广东省,广州市有个白云山。海南岛是亚热带,原始森林巨蟒野兽盘踞在里边,有名的产物鹿茸与熊胆,巍峨壮丽的五指山。

太平天国洪秀全,发展革命事业在广西紫荆山。桂林山水甲天下,阳朔山水甲桂林,平地而起孤峰立,山峦挺秀不相连,老君洞和甲山,湖山雁山鸡头山,碧莲峰好像莲花瓣,是一层一层堆成山。独秀峰,一片青一片绿,画山七星岩,风洞山,奇形怪样象鼻子山。

台湾岛上山也不少,从台北到台南,有阿里山、太平山,草山、玉山、八仙山,大雪山、单达山,俊山、峦达山,竹叶南山、大武山。

出台湾路途不太远,浙南有座括苍山,黄岩蜜橘两万六千亩,珍贵的良种香又甜。钱塘江经过那河庄山,江水入海在那海宁县,海宁潮好壮观,潮声似雷鸣,山谷摇撼又好像那千军鼎沸、万马奔腾,掀起了一丈多高的水花波浪翻。有会稽山有雁荡山,走运河到杭州,远看天目山,近瞧武陵山,西湖龙井翁家山,有狮子峰凤凰岭,一片青绿是茶山。上天竺中天竺下天竺,杭州梅园在孤山。

由杭州到安徽,著名的铁矿马鞍山。风景美丽是黄山,云海天都峰,莲花峰始信峰,九龙瀑布有温泉,黄山云雾珍贵,中国名茶出产在黄山。江苏东北云台山,宜兴茶壶出产就在那鼎蜀山。南京玄武湖,远望栖霞山,中山陵就在紫金山。您去无锡到独山,马积山往南看,太湖七十二峰在眼前。苏州古代是吴国地,七层宝塔古香古色建筑在那虎丘山。大别山脉有梅山,山东济南古代历城县,南关外的千佛山,鲁西郓城县,水浒英雄聚义在梁山。青岛海水大浴场,北九水、鱼鳞汤泉下泻在崂山。

老铁山在辽东半岛上,旅顺港白玉山,鲁迅公园在大连。远看天空一片的烟云雾,数不尽的烟筒口内突突突地冒白烟,您看得见一片片的红火光闪闪,那就是炼钢厂,祖国的钢都在鞍山。鞍山不远千山绿山我不表,长白山奇峰怪石陡壁悬崖多俊俏,大森林青青绿绿一望广无边,出产有大量的人参和兽皮,养鹿场割取鹿茸不为难。

往北大小兴安岭,飞禽走兽野花树木生长在高山,动物有山鸡、树鸡、野猪和东北虎,植物有蘑菇、猴头、野芍药、木耳和牡丹。我国的特产有蜂蜜,养蜂场它就在那乌苏里江完达山。

祖国的名山真不少,从西北到西南,从东南到东北,我说了半天没说完。是说着快走着慢,眼前进了山海关,北戴河山清水秀空气鲜,东山是休养所疗养院,西山靠海莲蓬山,有琉璃河房山县,古老的石灰岩构成云水洞,它在上方山。喝甜水玉泉山,近代的建筑潭柘寺,它在那京西九龙起珠潭柘山。西山八大处,碧云寺卧佛寺静宜园在香山。

这些个山,那些个山,山多一时看不完。有青山,有绿山,有红山,有黄山,有金山、银山、铜山、铁山,奇峰峻岭、山峦叠翠,锦绣一片好河山。

远看那老人山,前面是伏牛山,走出了九里山,来到桃花山。百花山上桃山杏山柿子山,红的是鸡冠山,灰的是蛤蟆山,立的棒槌山,坐的罗汉山,飞虎山、二龙山,龙山、虎山、龙虎山,这个人头、虎头、牛头山。

白鹤山紧对着青石山,凤凰山它挨着凤鸣山,麒麟山紧靠骏马山。黄花山、绿草山、八宝山、元宝山,围绕着苍松翠柏、万卉争艳、四季花香、楼台殿阁、富丽堂皇、光辉灿烂的万寿山。

总之,祖国的山,山连山山绕山山山不断山套着山。

附录1：曲艺节目中的绕口令

一园青菜成了精

出了城门向正东，一园青菜成了精。
紫头萝卜坐大殿，红头萝卜掌正宫。
江南反了白莲藕，一封战表打进京。
豆芽菜跪下奏一本，胡萝卜挂帅去出征。
白菜打着黄罗伞，芥菜前面做先锋。
小葱使的银杆枪，韭菜用的两面锋。
牛腿葫芦放大炮，绿豆角子点火绳。
轰隆隆三声大炮响，打得辣椒满身红。
打得茄子一身紫，打得扁豆扯起棚。
打得大蒜裂了瓣，打得黄瓜上下青。
打得豆腐尿黄水，打得凉粉战兢兢。
藕王一见害了怕，一头钻进泥土中。

"黑"字歌

说我诌，我就诌，大年三十立了秋。
初一发了桃花水，冲得满地秋秋头。
一个秋头打九担，一个秋秸盖了间瓦房十层楼。

黑楼住了个黑奶奶,还有一个黑老头儿。
黑奶奶,黑老头儿,一时三刻生了个黑丫头。
黑丫头长了十五六,头上扎了个黑鬏鬏。
给她黑篮挖黑菜,剁来黑菜煮黑粥。
那边来了个黑小子,赶着一头小黑牛。
黑小子就把黑丫头看,黑丫头就把黑小子瞅。
不要看,不要瞅,俩人都是黑对头。
请来媒人黑包子,喜日子定在月黑头。
来了一顶黑花轿,还有四个黑吹手。
走了十里黑沙地,抬头看见婆家黑门楼。
出来两个搀亲的,个个都像黑泥鳅。
公公好像鏊子底,婆婆好像黑马猴。
陪送黑箱黑柜子,点灯又点黑豆油。
黑麻黑被黑罗帐,黑小子搂了个黑丫头。
成了亲一年没到头,生个小子像黑牛。

十八愁

十月初九收罢秋,村里来了个丘老头。
丘老头说了段绕口令,小段名叫十八愁。
说虎也愁,狼也愁,象愁鹿愁骡马愁。
羊也愁,牛也愁,狗愁猪愁鸭鹅愁。
蛤蟆愁,螃蟹愁,鱼愁虾愁蛤蜊愁。
池里乌龟也是愁,这愁那愁各有分由:
虎愁不敢把高山下,狼愁野心不改耍滑头。
象愁鼻长皮又厚,鹿愁脑袋七叉八叉长犄角。
马愁鞴鞍行千里,骡子愁得一世休。

羊愁从小把胡子长,牛愁拉车拉耙又拉耧。
狗愁改不了净吃屎,猪愁离不了臭水沟。
鸭子愁得扁了嘴,鹅愁脑袋上长了个锛儿喽头。
蛤蟆愁一身脓疱疥,螃蟹愁得净横走。
蛤蜊愁闭关自守,乌龟愁不敢出头。
鱼愁离水不能走,虾愁空枪乱扎没准头儿。
丘老头说完了绕口令,人们夸他的好歌喉。

自己破谜儿自己猜

什么上山吱扭扭?什么下山乱点头?
什么有头没有尾?什么有尾没有头?
什么有腿家中坐?什么无腿游九州?
赵州桥什么人修?玉石栏杆什么人留?
什么人骑驴桥上走?什么人推车轧道沟?
什么人扛刀桥边站?什么人勒马看《春秋》?
什么人白?什么人黑?什么人胡子一大堆?
什么圆圆在天边?什么圆圆在眼前?
什么圆圆长街卖?什么圆圆道儿两边?
什么开花节节高?什么开花弯着腰?
什么开花没人见?什么开花一嘴毛?
什么鸟穿青又穿白?什么鸟穿出皂靴来?
什么鸟身穿十样锦?什么鸟身披麻布口袋?
双扇门,单扇开,
我自己破谜儿自己猜:
小车子上山吱扭扭,瘸子下山乱点头。
蛤蟆有头没有尾,蝎子有尾没有头。

板凳有腿家中坐,粮船无腿游九州。
赵州桥鲁班修,玉石栏杆圣人留。
张果老骑驴桥上走,柴王推车轧道沟。
周仓扛刀桥头站,关公勒马看《春秋》。
罗成白,敬德黑,张飞胡子一大堆。
月亮圆圆在天边,眼睛圆圆在眼前。
烧饼圆圆长街卖,车轱辘圆圆道儿两边。
芝麻开花节节高,棉花开花猫着腰。
藤子开花没人见,玉米开花一嘴毛。
喜鹊穿青又穿白,乌鸦穿出皂靴来。
野鸡身穿十样锦,鹦丽儿身披麻布口袋。

三国人物歌

一杯酒,刘关张,桃园结义情意长,
虎牢关前战吕布,杀退董卓离洛阳。
二杯酒,关云长,力斩华雄酒未凉,
华容道上放曹操,忠义二字万古扬。
三杯酒,张桓侯,威震华夏鞭督邮,
大喝一声曹兵退,当阳桥断水倒流。
四杯酒,赵子龙,交城大战称英雄,
长坂坡前救阿斗,东吴招婿保主公。
五杯酒,诸葛亮,初出茅庐烧博望,
东吴巧舌战群儒,草船借箭助周郎。
六杯酒,黄汉升,年过七十立奇功,
巧设计谋烧粮草,定军山下称英雄。
七杯酒,周公瑾,赤壁大战烧曹军,

合肥再战张文远,孙权马跳逍遥津。
八杯酒,数马超,西凉起兵反曹操,
扶助刘备兴汉室,五虎上将称英豪。
九杯酒,庞凤雏,隐居高山读兵书,
蒋干盗书曹营去,巧设连环助东吴。
十杯酒,姜伯约,天水关前拜诸葛,
九伐中原军威震,智勇双全事迹多。

东直门挂着匾

东直门,挂着匾,隔壁儿就是俄罗斯馆。
俄罗斯馆,放电影儿,隔壁儿就是四眼井儿。
四眼井儿,不打钟,隔壁儿就是雍和宫。
雍和宫,有大殿,隔壁儿就是国子监。
国子监,一关门,隔壁儿就是安定门。
安定门,一甩手儿,隔壁儿就是交道口儿。
交道口儿,跳三跳,隔壁儿就是土地庙。
土地庙,求灵签,隔壁儿就是大兴县(大兴胡同)。
大兴县,不问事,隔壁儿就是隆福寺。
隆福寺,卖葫芦,隔壁儿就是四牌楼(东四牌楼)。
四牌楼南,四牌楼北,四牌楼底下喝凉水。
喝凉水,怕人瞧,隔壁儿就是康熙桥。
康熙桥,不白来,隔壁儿就是钓鱼台。
钓鱼台,没有人,隔壁儿就是齐化门。
齐化门,修铁道,南行北走不绕道。

平则门拉硬弓

平则门(阜成门),拉硬弓,隔壁儿就是朝天宫。
朝天宫,写大字,隔壁儿就是白塔寺。
白塔寺,挂红袍,隔壁儿就是马市桥。
马市桥,跳三跳,隔壁儿就是帝王庙。
帝王庙,摇葫芦,隔壁儿就是四牌楼(西四牌楼)。
四牌楼东,四牌楼西,四牌楼底下卖估衣。
我问估衣怎么卖?桃红裙子二两一。
老太太打火儿抽烟袋儿,隔壁儿就是毛家湾儿。
毛家湾儿,找老四,隔壁儿就是护国寺。
护国寺,卖叭狗儿,隔壁儿就是新街口儿。
新街口儿,道儿长,隔壁儿就是蒋养房。
蒋养房,安烟袋,隔壁儿就是王奶奶。
王奶奶啃西瓜皮,隔壁儿就是火药局。
火药局,卖花针儿,隔壁儿就是北城根儿。
北城根儿,卖破盆,隔壁儿就是德胜门。
德胜门,两头儿缩,当间儿有个王八窝。
晴天出来晒盖子,阴天出来把脖儿缩。

我不诌

说我诌我不诌,
闲来没事我溜舌头。
这个绕口令儿最难唱,
咱们唱的是前门楼子九丈九,
四门三桥五牌楼。

出了便门往东走，
离城四十到通州。
通州倒有个六十六条胡同口，
里边住着六十六岁的刘老六，
六十六岁的刘老刘，
六十六岁的刘老头。
老哥仨盖了那六十六座好高楼，
楼上有六十六篓桂花油，
篓上蒙着六十六匹鹅缎绸，
绸上绣着六十六个狮子滚绣球，
在楼外头栽了那六十六根儿柏木轴，
轴上拴着六十六头大青牛，
在牛上边蹲着六十六个大马猴。
刘老六，刘老刘，刘老头，
这老哥仨坐在门口啃骨头。
南边来了一条狗好眼熟，
好像那大大妈家大大眉毛大大眼睛
大大鼻子大大耳朵大大口大大鳌头狮子狗。
北边又来一条狗好眼熟，
好像那二大妈家二大眉毛二大眼睛
二大鼻子二大耳朵二大口二大鳌头狮子狗。
这两条狗抢骨头，
顺南头跑到北头，
碰倒了六十六座好高楼，
碰洒了六十六篓桂花油，
油了六十六匹鹅缎绸，

脏了六十六个狮子滚绣球,
在楼外头碰倒了六十六根儿柏木轴,
打惊了六十六头大青牛,
打跑了六十六个大马猴。
刘老六,刘老刘,刘老头,
这老哥仨打死了狗,
又盖起来六十六座好高楼,
收起来六十六篓桂花油,
洗干净六十六匹鹅缎绸,
洗净了六十六个狮子滚绣球,
在楼外头栽起来六十六根儿柏木轴,
牵回来六十六头大青牛,
逮回来六十六个大马猴。
刘老六,刘老刘,刘老头,
这老哥仨又看见南边来个气不休,
手里拿着土坯头去打狗的头,
也不知气不休的土坯头打了狗的头,
还是狗的头碰坏气不休的土坯头。
打北边来了个秃妞妞,
手里拿着个油篓口去套狗的头,
也不知秃妞妞的油篓口套了狗的头,
还是狗的头钻了秃妞妞的油篓口。
狗啃油篓篓油漏,
狗不啃油篓篓不漏油。

社会主义好(贯口)

左边有广播站、防疫站,
气象台、疗养院,
托儿所、幼儿园,
邮局、银行、电影院,
农具库、汽车库,
百货公司、俱乐部。
那是无一不备。
右边有一片果树园子,
里边有鸭梨、橘子、大苹果,
香蕉、蜜柑、大菠萝,
樱桃、桑葚、椰子果,
海带、海蜇、大海螺。

风雨归舟(单弦)

忽然风雨骤,
遍野起云烟。
吧嗒嗒的冰雹就把那山环打,
咕噜噜的沉雷震山川。
风吹角铃当啷啷地响,
唰拉拉大雨似涌泉。
山洼积水满,
涧下是深潭。
霎时间雨住风儿寒,
天晴风雨过,风消云散。

急忙忙,驾小船,
登舟离岸至河间。
抬头看,望东南,
云走山头是碧亮亮的天。
长虹倒挂天边外,
碧绿绿的荷叶衬粉莲,
打上来那滴溜溜的金丝鲤,
唰啦啦放下钓鱼竿。
摇桨船拢岸,
弃舟至山前。
唤童儿,放花篮,
收拾蓑衣和鱼竿。
一半鱼儿炉水煮,
一半到长街换酒钱。

牧 童

艳阳天,春光好,风和日暖真逍遥。
红的花,青的草,杨柳树下有小桥。
清清的水,白白的鹅。
老公公小桥底下把小船摇。
这一边,兄弟姐妹把风筝放得高。
那一边,小三小四坐在河边把鱼钓。
我牧童穿布鞋,戴草帽,
又把那横笛插在腰。
我要把那牛儿放到山上去吃草,去吃草。

一(快板)

竹板打,呱唧唧,
我说段快板名叫"一"。
有人说:"你算了吧,
'一'有什么了不起,
'一'有什么可说的。"
叫同志,听仔细,
让我对你叙一叙,
"一"确实有用处,
"一"字可真有意义。
你若不相信,听我下面告诉你:
"没有一就没有二,
更没有四五和六七。
没有一砖和一瓦,
万丈高楼就别想起。
没有一点一滴水,
咱们吃啥全是干的。
没有一纱和一线,
织不出布来穿不上衣。
没有一颗种子一堆肥,
收不到粮食,碾不出米。
要是没有一分钱的人民币,
做生意就得成问题。
要说'一',净说'一',
'一'的作用大无比。

节约一度电和一立方水,
支援生产建设有意义。
节约一分钱和一两米,
勤俭持家生活才能过富裕。
别看这一点一滴太稀少,
它们的来处可不易。
别看这一点一滴没大用,
积少成多可就了不起。
增产节约一定要深入开展,
艰苦奋斗勤俭建国一定要牢记!"

挡马(京剧)

[**数板**]我是柳叶镇上一店家,
招徕客人度生涯。
南来的、北往的,
说的都是番邦话。
虽是虎狼之威不可怕,
也只得假献殷勤伺候他。
都只为,
身在番邦心在家,
无有腰牌把南朝下。
眼前虽有千坛酒,
心中仇恨难浇下。
[**诗**] 流落番邦有几秋,
思念家乡终日愁。
有朝一日南朝转,

杀尽胡儿方罢休。

[白] 在下焦光普,
想当年随同杨家八虎,大闯幽州。
咳!不幸被胡儿所擒,
将我绑在泥鳅殿前就要问斩。
是我心生一计,站在殿前大笑三声。
那萧后言道:"临死的孩子,为何发笑哇?"
是我言道:"大丈夫生而何患,死而何惧,
可惜我一双好手!"
那萧后又言道:"好手要它有何用啊?"
我说:"好手,好手,能造香醇美酒。"
那萧后喜爱南朝美酒,
闻听此言脸露笑容说:
"孩子们,赏他五十两银子,
叫他在柳叶镇上开一酒店。"
咳!是我久想逃回南朝,
怎奈一无腰牌,二无路凭,
好不愁闷人也!

一盆饭(单弦)

八达岭下一山村儿,
这个山村儿名叫向阳屯儿。
向阳屯儿有百户人家儿,紧靠山根儿。
这一天,天傍黑儿,
广播喇叭传喜讯儿,
"社员同志们请注意了,

报告社员同志们一个好消息:
驻南口的解放军同志们,
为了帮助咱们打井抗旱,
派来了十名战士,
整一班人儿。"
广播喇叭传喜讯儿,
喜讯儿传遍了向阳屯儿。
张大伯回家叫老伴儿:
"快打开咱们西屋的门儿,
炕上铺好一领席儿,
咱们带上小迎春儿,
腾出咱的北房来让给亲人儿。"
陈班长带队进了门儿,
老两口儿乐得满脸堆笑纹儿:
"同志们快请屋里坐,
我们老两口儿直脾气儿,
从来不会客气词儿。
进了家,没外人儿,
缺啥只管讲一声儿。
锅和碗儿,瓢和盆儿,
水缸在外屋紧靠门儿。
烧柴禾也现成儿,
秫秸、劈柴、柳树枝儿,
院里堆着有六七千斤儿。"
鸡叫三声咯儿、咯儿、咯儿,
陈班长带队出了山村儿,

屋里头留人来做饭，
炊事员李小根儿，
挽挽袖口儿系围裙儿。
淘大米，小半盆儿，
小白菜儿，剁了根儿，
高碑店带来的豆腐丝儿。
院儿里拖了捆柳树枝儿，
一过秤，五十斤儿，
一切准备得差不离儿，
划根儿火柴，点着了灶火门儿。

报菜名儿(相声)

蒸羊羔、蒸熊掌、蒸鹿尾儿、烧花鸭、烧雏鸡、烧子鹅、卤猪、卤鸭、酱鸡、腊肉、松花小肚儿、晾肉、香肠儿、什锦苏盘儿、熏鸡白肚儿、清蒸八宝猪、江米酿鸭子、罐儿野鸡、罐儿鹌鹑、卤什件儿、卤子鹅、山鸡、兔脯儿、菜蟒、银鱼、清蒸哈什蚂、烩鸭丝、烩鸭腰、烩鸭条、清拌鸭丝、黄心管儿、焖黄鳝、焖白鳝、豆豉鲇鱼、锅烧鲤鱼、清蒸甲鱼、抓炒鲤鱼、抓炒对虾、软炸里脊、软炸鸡、什锦套肠儿、麻酥油卷儿、卤煮寒鸦儿、熘鱼脯、熘鱼肚、熘鱼骨、熘鱼片儿、醋熘肉片儿、烩三鲜儿、烩白蘑、烩鸽子蛋、炒银丝儿、烩鳗鱼、炒白虾、炝青蛤、炒面鱼、炒竹笋、芙蓉燕菜、炒虾仁儿、烩虾仁儿、烩腰花儿、烩海参、炒蹄筋儿、锅烧海参、锅烧白菜、炸木耳、炒肝尖儿、桂花翅子、清蒸翅子、炸飞禽、炸什件儿、炸排骨、清蒸江瑶柱、糖熘芡仁米、拌鸡丝、拌肚丝、什锦豆腐、什锦丁儿、糟鸭、糟熘鱼片、熘蟹肉、炒蟹肉、烩蟹肉、清拌蟹肉、蒸南瓜、酿倭瓜、炒丝瓜、酿冬瓜、腌鸭掌、焖鸭掌、焖笋、炝茭白、鸭羹、蟹肉羹、鸡血汤、三鲜木樨汤、红丸子、白丸子、熘丸子、炸丸子、南煎丸子、四喜丸子、三鲜丸子、氽丸子、鲜虾丸子、鱼脯丸子、铬炸丸子、豆腐丸子、一品肉、樱桃肉、马牙肉、米粉肉、红焖肉、黄焖肉、坛子肉、烀肉、扣肉、松肉、罐儿肉、烧肉、烤肉、大肉、白肉、酱豆腐肉、红肘子、白肘子、水晶肘子、蜜蜡肘子、酱豆腐肘子、扒肘子、炖羊肉、酱羊肉、烧羊肉、烤羊肉、五香羊肉、氽三样儿、爆三样儿、烩银丝儿、烩散丹、熘白杂碎、三鲜鱼翅、栗子鸡。

十道儿黑

一道儿黑,两道儿黑,
三四五六七道儿黑,
八道儿九道儿十道儿黑。
我买了一个烟袋乌木杆儿,
我是掐着它的两头儿那么一道儿黑。
二兄弟描眉来演戏,
瞧着他的镜子那么两道儿黑。
粉皮墙,写川字儿,
横瞧竖瞧三道儿黑。
象牙桌子乌木腿儿,
把它放在炕上那么四道儿黑。
我买了一只母鸡不下蛋,
把它圈在笼里捂到(五道儿)黑。
挺好的骡子不吃草,

把它牵着在那街上遛到(六道儿)黑。
买了一只小驴儿不套磨,
背上它的鞍鞯骑到(七道儿)黑。
二姑娘南洼去割麦,
丢了她的镰刀拔到(八道儿)黑。
月窠儿里的孩子得了病,
团几个艾球儿灸到(九道儿)黑。
卖瓜子儿的打瞌睡,
哗啦啦撒了这么一大堆。
他的扫帚簸箕不凑手,
他就一个一个拾到(十道儿)黑。

百家姓

百家姓,姓百家,
念错了,闹笑话。
念念看,差不差?
查贾萨车柴沙夏,
彭朋庞潘包白皮。
马麦梅莫牟茅墨,
方黄王汪万范花。
房洪冯凤丰封翁,
傅胡吴伍邬武乌。
仇周赵招曹寿邵,
张常蒋章尚商姜。
廖楼吕卢陆刘鲁,
李赖雷林龙梁凌。

牛年聂倪宁佴南,
高顾郭葛古柯戈。
甘耿关管邝康孔,
陈郑沈程申岑曾。
任饶荣戎融容阮,
翟赤祁齐薛戚季。
何贺郝俟韩霍惠,
佟东童董仲钟庄。
朱诸瞿褚祝储楚,
许徐舒苏宋孙随。
史诗石师施池斯,
尹易应殷严言鄢。
俞余袁游尤姚尧,
陶屠邰唐汤谭党,
狄丁邓杜铁滕戴。

丫头打狗

闲暇无事大街走,
打正南来了位油头粉面、粉面油头十七八的大丫头。
大丫头提个大笤头,
笤头里放着六十六个鸡蛋、鸭蛋、鹅蛋头,
外带六十六个大馒头。
大丫头提着笤头前头走,
打前头跑来个黑脖腔子黑尾巴梢子黑四蹄子黑眼珠子的大黄狗。

打后边跑来个白脖腔子白尾巴梢子白四蹄子白眼珠子的大黑狗。

两只狗正在往前走,
抬头看见大丫头。
狗张狗嘴扬狗头,
张嘴要咬大丫头。
大丫头低头找砖头,
嘭嚓嚓摔了个大跟头。
摔烂了六十六个鸡蛋、鸭蛋、鹅蛋头,
摔掉了六十六个大馒头。
黑狗黄狗抢馒头,
这可忙坏了大丫头。
弯腰捡起烂砖头,
烂砖砸向狗的头,
不知是狗头碰烂烂砖头,
还是烂砖头砸烂狗的头。
两只狗结下仇,
外头打到院儿里头。
院儿里放个烂油篓,
忙用油篓打狗头。
不知是烂油篓套住狗的头,
还是狗头套住烂油篓。
两只狗结下仇
院儿里打到屋里头。
墙上挂个马笼头,
忙用马笼头打狗头。

隔壁住着刘老头儿,
他盖了六十六座琉璃楼。
楼下看,立六十六条榆木大车轴。
轴上看,拴六十六条滚瓜溜圆、翻肥肥翻的大犍牛。
楼上看,放六十六篓芝麻好香油。
篓上看,放六十六匹斜纹缎子绸。
绸上看,卧六十六个长毛长腿狮子狗。
楼顶看,拴六十六个红眼红脸大马猴。
两只狗,齐上楼,
惊了牛,碰倒楼,
压倒轴,带倒篓,
撒了油,油了绸,
跑了狗,走了猴儿。
刘老头儿,
快拴牛,快盖楼,
快立轴,快扶篓,
快收油,快晾绸,
快叫狗,快逮猴,
忙坏老刘和丫头。
拴不住六十六条滚瓜溜圆、翻肥肥翻的大犍牛,
盖不起六十六座琉璃楼,
立不起六十六个榆木大车轴,
扶不起六十六个大油篓,
收不起六十六篓芝麻好香油,
晾不干六十六匹斜纹缎子绸,
叫不住六十六个长毛长腿狮子狗,

逮不住六十六只红脸红眼大马猴。
刘老头儿生气吃馒头，
大丫头生气摔笤头。
二人发誓举拳头，
再也不养狗和猴。

附录2:绕口令集锦

年年春打六九头

数九寒天冷风飕,
年年春打六九头。
正月十五龙灯会,
有一对狮子滚绣球。
三月三王母娘娘蟠桃会,
大闹天宫孙悟空把这个仙桃偷。
五月初五端午节,
白蛇许仙不到头。
七月七传说名叫天河配,
牛郎织女泪双流。
八月十五云遮月,
月里嫦娥犯忧愁。

姐妹二人去逛灯

正月里正月正,
姐妹二人去逛灯。

大姑娘名叫粉红女,
二姑娘名叫女粉红。
粉红女身穿一件粉红袄,
女粉红身穿一件袄粉红。
粉红女怀抱一瓶粉红酒,
女粉红怀抱一瓶酒粉红。
二人找到无人处,
推杯换盏饮刘伶。
女粉红喝了粉红女的粉红酒,
粉红女喝了女粉红的酒粉红。
女粉红喝了个酩酊醉,
粉红女喝了个醉酩酊。
女粉红见了粉红女就打,
粉红女见了女粉红就拧。
女粉红撕破粉红女的粉红袄,
粉红女撕破女粉红的袄粉红。
二人打罢松了手,
自己买线自己缝。
粉红女买了一条粉红线,
女粉红买了一条线粉红。
粉红女缝反了粉红袄,
女粉红反缝了袄粉红。

数玲珑

高高山上一老僧,
身穿衲衣几千层,

若问老僧年高迈,
曾记得黄河九澄清,
一共四千五百冬。
老僧教了八个徒弟,
八个徒弟个个有法名。
大徒弟名叫青头愣,
二徒弟名叫愣头青,
三徒弟名叫僧三点,
四徒弟名叫点三僧,
五徒弟名叫崩胡噜巴,
六徒弟名叫巴胡噜崩,
七徒弟名叫随风倒,
八徒弟名叫倒随风。
老师父教他们八种艺,
八仙过海各显其能。
青头愣会打磬,
愣头青会撞钟,
僧三点会吹管,
点三僧会吹笙,
崩胡噜巴会打鼓,
巴胡噜崩会念经,
随风倒会扫地,
倒随风会点灯。
老师父叫他们换一换,
不知换成换不成。
愣头青打不了青头愣的磬,

青头愣撞不了愣头青的钟，
点三僧吹不了僧三点的管，
僧三点吹不了点三僧的笙，
巴胡噜崩打不了崩胡噜巴的鼓，
崩胡噜巴念不了巴胡噜崩的经，
倒随风扫不了随风倒的地，
随风倒点不了倒随风的灯。
老师父一见有了气，
要打徒弟整八名，
眼看八个徒弟要挨打，
门外走进五位云游僧。
五位僧人把情讲，
叫他们后院儿数玲珑。
玲珑宝塔十三层，
一去数单层，回来数双层，
谁要是数过来，谁就是大师兄，
谁要是数不过来玲珑塔，
叫他夜间罚跪到天明。
玲珑塔，塔玲珑，
玲珑宝塔第一层，
一张高桌四条腿，
一个和尚一本经，
一副铙钹一口磬，
一个木鱼一盏灯，
一个金钟整四两，
西北风一刮响哗棱。

玲珑塔,塔玲珑,
隔着二层数三层,
三张高桌十二条腿,
三个和尚三本经,
三副铙钹三口磬,
三个木鱼三盏灯,
三个金钟十二两,
西北风一刮响哗棱。
玲珑塔,塔玲珑,
玲珑宝塔第五层,
五张高桌二十条腿,
五个和尚五本经,
五副铙钹五口磬,
五个木鱼五盏灯,
五个金钟二十两,
西北风一刮响哗棱。
玲珑塔,塔玲珑,
玲珑宝塔第七层,
七张高桌二十八条腿,
七个和尚七本经,
七副铙钹七口磬,
七个木鱼七盏灯,
七个金钟二十八两,
西北风一刮响哗棱。
玲珑塔,塔玲珑,
玲珑宝塔第九层,

九张高桌三十六条腿,
九个和尚九本经,
九副铙钹九口磬,
九个木鱼九盏灯,
九个金钟三十六两,
西北风一刮响哗棱。
玲珑塔,塔玲珑,
玲珑宝塔十一层,
十一张高桌四十四条腿,
十一个和尚十一本经,
十一副铙钹十一口磬,
十一个木鱼十一盏灯,
十一个金钟四十四两,
西北风一刮响哗棱。
玲珑塔,塔玲珑,
玲珑宝塔十三层,
十三张高桌五十二条腿,
十三个和尚十三本经,
十三副铙钹十三口磬,
十三个木鱼十三盏灯,
十三个金钟五十二两,
西北风一刮响哗棱。
玲珑塔,塔玲珑,
我往回数玲珑宝塔十二层,
十二张高桌四十八条腿,
十二个和尚十二本经,

十二副铙钹十二口磬,
十二个木鱼十二盏灯,
十二个金钟四十八两,
西北风一刮响哗棱。
玲珑塔,塔玲珑,
玲珑宝塔第十层,
十张高桌四十条腿,
十个和尚十本经,
十副铙钹十口磬,
十个木鱼十盏灯,
十个金钟四十两,
西北风一刮响哗棱。
玲珑塔,塔玲珑,
玲珑宝塔第八层,
八张高桌三十二条腿,
八个和尚八本经,
八副铙钹八口磬,
八个木鱼八盏灯,
八个金钟三十二两,
西北风一刮响哗棱。
玲珑塔,塔玲珑,
玲珑宝塔第六层,
六张高桌二十四条腿,
六个和尚六本经,
六副铙钹六口磬,
六个木鱼六盏灯,

六个金钟二十四两,
西北风一刮响哗棱。
玲珑塔,塔玲珑,
玲珑宝塔第四层,
四张高桌十六条腿,
四个和尚四本经,
四副铙钹四口磬,
四个木鱼四盏灯,
四个金钟十六两,
西北风一刮响哗棱。
玲珑塔,塔玲珑,
玲珑宝塔第二层,
两张高桌八条腿,
两个和尚两本经,
两副铙钹两口磬,
两个木鱼两盏灯,
两个金钟整八两,
西北风一刮响哗棱。
玲珑塔,塔玲珑,
一数数到大天明。

小庙儿里住了个神道儿

高高山上一小庙儿,
里边住了一个神道儿。
头上戴了一顶乌纱帽儿,
身上穿了一件蓝布罩儿。

腰里头系着一根草绳儿,
足底下蹬着那双靴皂儿。
眼睛好像铜泡儿,
耳朵好像扇套儿。
鼻子好像钉锦儿,
嘴巴好像火灶儿。
四个小鬼儿抬轿儿,
前边来了一个胡闹儿。
一下跪在了当道儿,
说人家都有怀抱儿,
我怎么没有怀抱儿?
三天给了我怀抱儿,
我化斋精心修庙儿。
三天不给我怀抱儿,
我拆了你的小庙儿。
这可吓坏了神道儿,
正了一正乌纱帽儿,
抖了一抖蓝布罩儿。
紧了一紧草绳儿,
蹬了一蹬靴皂儿。
叽咕叽咕铜泡儿,
呼扇呼扇扇套儿。
呱嗒呱嗒钉锦儿,
叭叽叭叽火灶儿,
吓得那四个小鬼儿不敢抬轿儿。
注:怀抱儿指怀抱的小孩儿。

观 灯

迈开大步朝前行,朝前行来到了花灯棚,
正行走我就用目睁,朝前走来到了菜园灯。
菜园名,菜名多了我报也报不清:
白菜灯笼卷卷叶,芫荽灯笼乱哄哄,
芹菜灯笼似钢锯,菠菜好似剑一篷,
根大苗细白皮蒜,一杆枪的是小葱,
胡子灯笼蔓茎灯,辣椒灯笼尖尖生,
黄瓜灯笼一身刺,茄子灯笼花木红,
一身锦绦玫瑰紫,扁豆开花紫盈盈,
上面有个蝈蝈叫,知了百吆成了精。
北园的北瓜为元帅,南园的南瓜为先行,
当中夹了个西瓜炮。
西瓜炮那个赛火绳乒啊乓地响连声,
打得那西瓜瓢里红西瓜子落满地,
打得那面瓜叽哩咕噜地乱蛄蛹,
回过头来看一看,后面跟着个老醋桶。
菜园灯我就越过去,朝前走来到了戏台灯,
戏台真是个好光景,
前有前起厦,后有后卷棚。
前起厦里挂彩绿,后卷棚里挂彩红,
大悬三檐两边挂,中间挂着个牛角灯。
掌鼓板的落下座,提小锣的叮当声,
拉丝弦的画眉叫,弹弦子的弓尺声。
仓啷啷一声开了戏,出来个小旦和小生,

唱小旦的十二岁,唱小生的才十三冬,
一生一旦二十五,唱得好来扭得精。
一个唱的是高君宝,一个唱的是刘金定,
要问他唱的什么戏,二下南唐火烧余洪。
戏台灯我就越过去,朝前走来到了人言灯,
人言名,人名多了我报也报不清。
老头子拄着个双拐棍,大摇大摆的相公灯,
扭呀扭的女孩灯,三十二岁的大嫂灯,
大嫂领着个顽童灯,顽童在她怀里打扑腾。
一点四炮连环药,又听见炮打襄阳城,
俩孩子就把被单蹬,你也蹬啊我也蹬,
一蹬蹬了个大窟窿。
老头子清晨去赶集,老妈妈在家绷补丁,
老妈妈灯啊拨拉拨拉灯,叽咕叽咕嘴,
手里把着灯,思想这个江山明似镜。
众公名都在说山东大地好年景,
真乃是五谷丰登天下太平。

附录3：方言绕口令

　　各地方言是地方文化的重要组成部分,地方文化汇聚成我们璀璨的中华文化宝库。我们在大力推广普通话的同时,也必须肩负起保护地方文化的责任。目前,收集整理方言绕口令方面的工作做得还不够。这本书仅收集了有限的方言绕口令,一是供大家欣赏,二是与大家交流。

　　方言绕口令涉及方言词汇、语法、语音,涉及方言地区民众的生活、民风、民俗。从文字来看,有时会觉得方言绕口令平淡无奇,一旦当地人用方言说出来就完全不同了。它不仅非常绕口有趣、原汁原味儿,而且那一方水土那一方民众独特的生活、情感,冲出文字鲜活地展现在你的眼前、震撼你的心灵。方言绕口令的读音方法不一,有的用普通话,有的用半方言半普通话,还有的用方言。收集整理方言绕口令最大的困难,也是最大的遗憾在于,不仅没有办法准确记录方言绕口令的发音,而且表述不出方言绕口令中蕴含的独特的生活气息、地方味道。那么方言绕口令怎么读? 一句话,哪儿的绕口令必须用哪儿的方言读,原汁原味,富有当地生活气息。另外民间有句俗话,十里不同音。我们这里选的绕口令,无论是四川绕口令还是广东绕口令,都还是比较笼统的大地域概念,具体的方言绕口令可能还会有更细微的区别。

(一)陕西话

你娃嫑牛

他大舅他二舅都是他舅,
高桌子低板凳都是木头。
金疙瘩银疙瘩还嫌不够,
天在上地在下你娃嫑牛。

扯面宽得像裤带

扯面宽得像裤带,男女帕帕头上戴。
四季一身黑穿戴,瞪眼锅盔像锅盖。
羊肉泡馍大碗卖,有了辣子不吃菜。
男人唱戏吼起来,女人唱戏装病态。
哭丧说唱分不开,香烟不抽耳根塞。
吃面涎水倒回来,皇上按着两行埋。
人名都被动物代,固守本土不出外。
老人都把皮影爱,手背身后走路快。

出南门往北走

出了南门往北走,路上碰见人咬狗。
拾起狗来砸砖头,反被砖头咬了手。
顺手扔进河里头,溅了一身黄干土。
蚂蚱身上害疥疮,老牛卧在鸡架上。
蚂蚁踏得锅盖响,老鼠骑到猫脖项。

他大十七娃十八,月子娃娃做庄稼。
说了白话说实话,初九过了是初八。

(二)合肥话

买个老母资

肥东到肥只(从肥东到肥西),
买个老母资(买了一只老母鸡)。
烦到河里死一死(拿到水里洗一洗),
出了骨头进四片(除了骨头尽是皮)。

(三)海南话

开 门

左丘明叫嫂开门,嫂叫丘明家己开。
丘明睐睐未见门,嫂见锁开门未关。
叫伊锁门与煮糜,丘明煮糜未锁门。
嫂问因乜只煮糜,丘明煮糜乃锁门。

(四)黄梅话

刻屋的刻打架

刻屋的刻打架,刻屋的刻去拉(他屋的他与他人打架,他屋的她好心去拉)。

刻屋的刻不打,专打刻屋的刻(他屋的他不再和人打架,反而专打他屋的她)。

(五)宁波话

八 哥

八角楼下八十八株竹,
八十八只八哥去停宿。
八十八个小娃撮勒八十八瓜瓦片,
去揩八角楼下八十八只八哥着。

(六)武汉话

陆军还六楼六斤肉

六路有六个绿衣服的陆军,
楼上有六个卖肉的肉贩。
六个绿衣服的陆军走在六路,
六个卖肉的肉贩住在六楼。
六楼卖肉的肉贩的六斤肉从六楼掉到六路,
六路绿衣服的陆军看到六楼掉到六路的六斤肉。
六楼卖肉的肉贩看到六个六路绿衣服的陆军,
在六路绿衣服的陆军也看到六路旁边在六楼的肉贩。
六楼卖肉的肉贩要六路的六个绿衣服陆军,
帮忙把六斤肉送到六楼。
六路六个绿衣服的陆军从六路跑到六楼,
还给六楼六个卖肉的肉贩六斤肉。

(七)福州话

爹妈齐欢喜

搓坩其搓搓,依内填依哥,
依哥讨依嫂,依弟单身哥。
依嫂带身喜,爹妈齐欢喜,
孩儿段落脚桶下,依哥马上做郎爸。

(八)客家话

唔 知

水打一双鞋,鞋在泥上埋,
唔知系泥埋鞋,还系鞋埋泥。
水打一双屐,屐在石上夹,
唔知系石夹屐,还系屐夹石。

注:在客家方言中,"鞋""泥""埋"是三个近音字。

(九)四川话

甜汤圆和咸汤团

朋友们团团圆圆圈成一圈吃汤圆,
山泉专吃滇黔产的又甜又黏的甜汤圆,
晴天单捡川陕产的又咸又黏的咸汤团。
山泉说甜汤团尽管黏,
但甜汤圆比咸汤团甜。

晴天说咸汤圆虽然黏,
但咸汤团比甜汤圆咸。
山泉年年吃甜汤圆,
晴天天天吃咸汤团,
两人三年吃了三千三百三十三碗又甜又黏的甜汤圆
和三千三百三十三碗又咸又黏的咸汤团。

(十)湖南话

我想到你那山上走一转

郎住螺坨螺莉莉螺山,
姐住得隔河隔港港隔湾,
我想到你那螺坨螺莉莉螺山上走一转,
除非是风吹荷叶、雨打莲子、落水滴凌、破浪响叮当,
我才能够到你那螺坨螺莉莉螺山上。

(十一)菏泽话

不知谁碰了谁

从南边来了个瘸子,骑了一个骡子。
从北边来了个瞎子,提了一袋瓜子。
南边骑骡子的瘸子碰到了北边提瓜子的瞎子。
北边提瓜子的瞎子说南边骑骡子的瘸子的骡子的骼拉拜子碰到了他的额拉盖子,
南边骑骡子的瘸子说北边提瓜子的瞎子的额拉盖子碰到了他的骡子的骼拉拜子。

北边提瓜子的瞎子说不是他的额拉盖子碰到了南边骑骡子的瘸子的骡子的骼拉拜子，

是南边骑骡子的瘸子的骡子的骼拉拜子碰到了他的额拉盖子。

南边骑骡子的瘸子说不是他的骡子的骼拉拜子碰到了北边提瓜子的瞎子的额拉盖子，

就是北边提瓜子的瞎子的额拉盖子碰到了他的骡子的骼拉拜子。

北边提瓜子的瞎子生气撒了南边骑骡子的瘸子一额拉盖子瓜子，

南边骑骡子的瘸子也生气叫骡子的骼拉拜子弹了瞎子的额拉盖子。

最后也不知道是南边骑骡子的瘸子因为他骑的骡子的骼拉拜子踢了北边提瓜子的瞎子的额拉盖子而买了单子，

还是北边提瓜子的瞎子因为他的额拉盖子碰到了南边骑骡子的瘸子的骡子的骼拉拜子而折了票子。

注："骼拉拜子"指膝盖，"额拉盖子"指脑门。

(十二)温州话

买百张纸贴百个洞

隔壁伯伯兰板障里有百个洞，
我身边有百个铜钿，
走到百里坊买百张白纶纸，
贴到隔壁伯伯兰板障里百个洞里落。

(十三)绍兴话

我给侬做媒

萤火虫,矮落来,我给侬做媒。
做到哪啥? 做到天台。
四甏老酒三甏开,花花手巾包杨梅。
杨梅苦,跃落绍兴府,
绍兴斧头快,斫柴卖。
卖到澄谭街,碰着大娘舅。
买碗酒,请娘舅,
娘舅否动手,外甥先动手,
挈起一脚头,踢到皮桶口。
皮桶肚里一根虫,给侬娘舅当烟中。
烟中肚里一堆屙,给侬外甥当回货。

(十四)丹阳话

平锅煮苹果

我唱着一支歌,牵着一只狗,
走进一条沟,捡到一口锅。
锅是平底锅,锅里有苹果,
小狗抢苹果,踢翻了平底锅。
一平锅苹果,个个滚进沟,
我拿锅打狗,狗狗跳上沟。
沟边有条河,河边有群猴,

猴点一堆火,架锅煮苹果。
我就跳下河,吓走六只鹅,
河里种着藕,我挖一窝藕。
觉得有点饿,上岸找平锅,
坐着架平锅,走着吃苹果。
我靠河边坐,猴靠沟点火,
狗叼一平锅,鹅叼一苹果。
记不得是河边有堆火,还是火边有条河,
是我在锅边坐,还是狗在沟边走。
是我吃一锅藕,还是猴点一沟火,
是狗狗吃苹果,还是平锅煮苹果。

注:与普通话比较,在丹阳方言中有许多规律性的变音字,和其他字混用时,常常产生绕口效果。如:①歌、狗、沟、锅、果发音都是 gou 的阳平音;②河、猴、火发音都为 hou 的阳平音;③我、藕、窝、鹅、饿发音均为 ou,但它们的声调不同。其中我、藕、窝、鹅都是阳平,饿为去声;④坐、走的发音都是 zou 的阳平音。

(十五)闽南话

鹿宿鸡啼

屋北鹿独宿,溪西鸡齐啼。

红柑壳

红柑壳塞着涵空腹,涵空腹塞着红柑壳。

白布乌布补鼓

白鼓补白布,乌布补乌鼓。
乌鼓补乌布,白布补白鼓。

铜钉钉铜板

铜钉钉铜板,铜板钉铜钉。
铜钉单等钉铜板,铜板单等铜钉钉。

狗与猴过沟

狗仔甲猴仔过沟仔,猴仔惊狗仔跋沟仔
(狗与猴子过沟,猴子惊狗落沟)。
猴仔举钩仔钩狗仔,狗仔缀猴仔过沟仔
(猴子举钩子钩狗,狗跟猴子过沟)。

(十六)贵州话

栽瓜地瓜,葫芦洋叉

栽瓜地瓜,葫芦洋叉,
一叉叉到王婆家。
王婆吃酒醉,倒在鸡窝睡,
鸡蛋做枕头,鸡毛做床被。

月亮光光

月亮光光,骑马烧香,
烧死毛大姐,气死毛三娘。

三娘角,扯对角,
对角角,嫁铁锅。
盘海过沟,过出鱼鳅,
鱼鳅爬岩,爬出对花幺儿来。
青布裹,白布裹,
拿给黑大嫂背倒。

散花

散花散花,散到洞门梧桐树脚阿家。
阿家有个懒大嫂,头发乱成鸡窝草。
半边生臭虫,半边生虼蚤。
半边用撮箕撮,半边用扫把扫。
人家请不请她,她都冲前跑。
抬碗豆芽来,好比老牛吃嫩草。
抬碗大肉来,牵起裤裆兜起跑。
来齐洞门坡,连忙喊炖锅。
男唠说拿煎,女唠说拿炒。
讲又讲不合,锄头镐头打得满寨跑。
管他煎不煎炒不炒,娃儿用手抓起豆吃完了。

豌豆弯芽芽

豌豆弯芽芽,胡豆先开花。
先拜婆,后拜妈,
妈妈有个花幺女,嫁到对门官爷家。

(十七)广东话

买鱼肠,见姨丈

去集市买鱼肠,见到姨丈。
低鱼肠,候姨丈。
翻鱼肠,拜姨丈。

掘金桔

掘柑掘桔掘金桔,掘鸡掘骨掘龟骨。
掘完龟骨掘鸡骨,掘完鸡骨掘金桔。

鸡贵还是龟贵

一文一斤鸡,一文一斤龟,
究竟系鸡贵定系龟贵?

床脚撞墙脚

床脚撞墙角,墙角撞床脚。
你话床脚撞墙角定墙角撞床脚?

过海改袋型

郭蔼明见过郭可盈,
话郭可盈个袋型。
郭可盈叫郭蔼明过海改个袋型,
改成郭可盈个袋型。

毕生大吉

奄金琴军今暗暗,混吉挖金挖甘桔。
金骨挖桔挖银骨,银桔甩金不挖得。
金骨混笔挖金粒,粒粒金粒挖银桔。
银桔挖笔梗不吉,不吉挖金更不吉。
笔墨挖骨得不偿失,得失混吉挖金笔。

(十八)常州话

张家大姐家来咧

东边牛来咧,西边马来咧,
张家大姐家来咧,戴个草花?
戴个草花,牛虻踏煞老鸦,
老鸦告状,告到和尚,
和尚念经,念到观音,
观音射箭,射着蚯蚓,
蚯蚓唱歌,唱到阿哥,
阿哥扒灰,扒到乌龟,
乌龟放屁,弹穿河底,
买块牛皮,补补河底,
河里做戏,岸上看戏,
长子看戏,矮子吃屁。

(十九)苏州话

上糕去挡醋

一个啊所睨姓杜,努炳上糕去挡醋,
喂过头来看见有人拉挡兔,
放无醋,去看兔,
想捉兔,翻了醋,
逃特兔,脏了裤,
心里想想有点苦。

苏夫子借苏子

苏邹有个苏夫子(苏州有个苏胡子),
侯邹有个侯夫子(侯州有个侯胡子)。
苏夫子问侯夫子借苏子苏夫子
(苏胡子问侯胡子借梳子梳胡子)。

俩判官

苏州玄妙观,东西俩判官,
东判官姓潘,西判官姓管。
东判官手里拿块豆腐干,
西判官手里拿块萝卜干。
东判官要吃西判官手里的萝卜干,
西判官要吃东判官手里的豆腐干。
东判官勿肯让西判官吃豆腐干,
西判官勿肯让东判官吃萝卜干。

(二十)上海话

老狼庙

老狼走进老狼庙,探落老凉帽。

牙刷牙膏香皮皂

牙刷牙膏香皮皂,
广东刨花迤逦胶。
水果糖,鸡蛋糕,
羊毛笔,铜笔套,
阿司匹林橡皮膏。
木拖板,阿福帽,
卫生草纸电灯泡。
钢笔铅笔卷笔刀,
小皮夹子公文包。
小台灯,花灯罩,
印花单被枕头套。
太阳眼镜大草帽,
连衫连裤狗头帽。
羊毛围巾皮手套,
高跟皮鞋耳朵套。
指甲钳,小剪刀,
钥匙圈,小链条。
电吹风,剃头刀,
花露水,雪花膏。

人参鹿茸大补膏,
黄酒大曲绿豆烧。
厦门文旦水葡萄,
广东甘蔗大香蕉。
萨其马,开口笑,
香瓜子,盐金枣。

哈刚有啥额刚头

隔壁宁家屋里头(隔壁邻居家里),
交交关关小居头(有很多很多的小孩子)。
阿杜阿腻阿三头(老大老二老三),
一直排到阿八头(一直排到老八),
名字叫得老噱头(名字起得很有意思)。
阿杜小头头[老大小头头(小领导)],
阿腻烂泥头(老二烂泥头),
阿三洋葱头(老三洋葱头),
阿四长杠头(老四长豇豆),
阿五五香头(老五五香豆),
阿六咸菜头(老六咸菜头),
阿七芋艿头(老七芋艿头),
最好白相是阿八头(最好玩是老八),
嗦只橡皮奶奶头(嘴里叼着奶嘴)。
太阳照到床旺头(太阳照到床上),
一家宁家捂披头(一家人还蒙在被窝里头)。
统统了生孼疿头(头上都生了热疮),
人人才剃光了头(每个人剃了光头)。

吃特三把盐炒头(吃了三把盐炒豆),
册特八泡无厘头(拉了八次大便)。
伊拉屋里爷老头(他们家里的爸爸),
有的一只杜鼻头(有一只大鼻子)。
国泰门口一嘎头(一个人在国泰电影院门口),
打桩模子翻跟头(做倒卖票子的黄牛)。
杜鼻头会轧苗头(大鼻子很精明),
生意碰碰起蓬头(生意经常很好)。
有了一眼花纸头(有了一些钞票),
乃么开始轻骨头(开始骨头就轻了)。
中国银行开户头(中国银行开了户头),
登了外头掼派头(在外面充大款)。
一眼眼路拦叉头(一点点路也要叫出租车),
香烟老酒过腻头(香烟老酒过瘾头)。
难办发廊汰汰头(偶尔去发廊洗头),
顺便捏捏节节头(顺便做个脚部按摩)。
回到屋里耍滑头(回到家里耍滑头),
袋袋里厢扎拉头(口袋里只放了零钱)。
伊拉娘叫兰花头(他们的妈妈叫兰花头),
恶型恶状翻行头(很恶心的打扮和穿衣服),
跟伊拉爷别苗头(跟他们的爸爸较劲)。
杜鼻头常怕当寿头(大鼻子恐怕被当作傻瓜),
吃饱老酒挥拳头(喝了老酒挥舞拳头)。
对老伊额骷榔头(对准她的脑袋),
穷心穷恶一记头(狠狠地打了一下)。
兰花头伐是好无头(兰花头也不是好惹的),

对准杜鼻头额下头(对准大鼻子),
撩起来就是一脚头(飞起一脚)。
杜鼻头触霉头(大鼻子很倒霉),
痛了一个多号头(痛了一个多月)。
涅里外头避风头(白天在外面避风头),
亚里蹲了门口头(晚上蹲在家门口不敢进去),
常怕回起收骨头(怕回去又被打)。
里革委里杜块头(居委会的大胖子),
电筒照牢杜鼻头(手电筒照着大鼻子),
蒙伊是伐是贼骨头(问他你是不是小偷)?
杜鼻头气得来瓜瓜抖(大鼻子气得浑身发抖),
杜块头呒么清头(大块头,你没脑子),
哈刚有啥额刚头(瞎讲有啥可讲的)!

图书在版编目(CIP)数据

绕口令/张慧编著. --3版. --北京:中国传媒大学出版社,2018.12 (2024.9重印)

(新编播音员主持人训练手册)
ISBN 978-7-5657-1444-3

Ⅰ.①绕… Ⅱ.①张… Ⅲ.①绕口令—手册 Ⅳ.①H019-62

中国版本图书馆CIP数据核字(2015)第182583号

绕口令(第3版)
RAOKOULING(DI-SAN BAN)

编　　著	张　慧
策划编辑	赵　欣
责任编辑	赵　欣　张　笛
特约编辑	高卓毓
责任印制	李志鹏
封面设计	拓美设计

出版发行	中国传媒大学出版社		
社　　址	北京市朝阳区定福庄东街1号	邮　　编	100024
电　　话	86-10-65450528　65450532	传　　真	65779405
网　　址	http://cucp.cuc.edu.cn		
经　　销	全国新华书店		
印　　刷	北京中科印刷有限公司		
开　　本	880mm×1230mm　1/32		
印　　张	9.5		
字　　数	222千字		
版　　次	2018年12月第3版		
印　　次	2024年9月第5次印刷		
书　　号	ISBN 978-7-5657-1444-3/H・1444		
定　　价	32.00元		

本社法律顾问:北京嘉润律师事务所　郭建平